# GUERRE DE 1870-1871

## LE 4ᵉ BATAILLON

### DE LA

# MOBILE DU CHER

PAR

## M. PETIT

CHEF DE BATAILLON

## BOURGES

IMPRIMERIE ET LITHOGRAPHIE DE A. JOLLET

2, Rue des Armuriers, 2

—

**1871**

# À MM. les Officiers du 2ᵉ Bataillon du 81ᵉ Régiment de Garde mobile (4ᵉ Bataillon du Cher).

Un soir nous étions devant Chagny; il faisait très-froid; le feu pétillait, et nous nous serrions les uns contre les autres. Tout en déplorant les résultats négatifs des attaques molles et sans suite, indécises et désordonnées faites sur ce village, je vous disais qu'un jour je raconterais à vos familles, à vos amis, nos travaux, nos marches, nos souffrances, nos douleurs et nos défaillances pendant cette trop pénible et trop triste campagne, conçue beaucoup trop tard, mal exécutée, funeste à tous égards, et qui ne devait avoir pour résultat certain que de nous envoyer en Allemagne, partager la captivité des autres... ou de nous rejeter en Suisse.

Cette parole, qu'alors je vous avais donnée, que j'ai renouvelée depuis, à plusieurs d'entre vous, à notre dernière entrevue à Bourges, lors de notre rentrée dans la patrie, je la tiens aujourd'hui.

PETIT, *chef de bataillon.*

# GUERRE DE 1870-1871

## LE

# 4e BATAILLON DE LA MOBILE DU CHER

Je n'ai et je n'ai pu avoir
D'autre but que la vérité.
(VOLTAIRE.)

## PREMIÈRE PARTIE.

Le 4e bataillon de la mobile du Cher fut créé, ainsi que le constate un procès-verbal, le 21 octobre 1870.

Sa composition, comme nous allons le voir, était loin d'être rassurante pour celui qu'on avait appelé à l'honneur de le commander.

Néanmoins, les événements prouvant, une fois de plus, qu'avec de la volonté, de l'énergie et quelque peu d'intelligence on arrive toujours, quand il s'agit de création militaire, même dans un espace de temps relativement court, à former avec des éléments si disparates et si hétérogènes, qu'ils paraissent de prime abord, une masse compacte et assez fortement assemblée, une unité suffisamment sérieuse, pour laisser entrevoir ce qu'elle pourra faire, et ce qu'on sera en droit d'exiger d'elle, quand les circonstances le demanderont.

L'occasion ne s'est pas présentée. Nous n'avons pas eu ce bonheur, l'unique but de tous nos travaux.

Formé avec le dépôt des trois autres bataillons, dans lequel on avait versé, faute capitale, tous les hommes mariés auxquels étaient venus s'adjoindre, avec un empressement indigne de la grande cause qu'il s'agissait de soutenir, les mobiles que la perspective d'un service actif effrayait outre mesure, et d'autres encore particulièrement aptes au service de campagne mais que le népotisme effrayant qui régnait alors et qui régna depuis, sans pudeur comme sans vergogne, pendant toute la durée de nos tristes et impuissants efforts, avait espéré couvrir de son manteau. Encore, bon nombre de ces derniers parvint-il à se soustraire à la dette sacrée, à forfaire à la patrie par l'indifférence sans nom de certains maires, par l'entremise de médecins dont la molle complaisance accordait force certificats, par la complicité muette ou involontaire des officiers chargés d'ordonner les recherches, et dont les bureaux regorgeaient de secrétaires, tous aptes à faire un excellent service, et enfin au moyen de cette plaie toujours saignante au flanc des armées de récente formation, la hideuse désertion.

De cet amalgame de gens attelés subitement et malgré eux au char embourbé de la patrie, ne pouvait sortir et n'est sorti effectivement que mauvais vouloir et mécontentement général, quand il fut question de soumettre cette cohue au joug d'une discipline quelconque.

Le bataillon comptait, le 21 octobre, 1,325 hommes présents; quant à son effectif nominal, je ne l'ai jamais connu d'une manière positive; mais j'affirme que douze ou quinze hommes par compagnie ne parurent jamais. L'officier auquel incombait la tâche de rechercher les insoumis et les déserteurs n'eût pas besoin de s'en préoccuper.

Pour les instruire et les discipliner, ces 1,325 hommes n'eurent, durant les trois premières semaines de leur séjour à Henrichemont, que sept officiers et un cadre de sous-officiers tout neuf, à quelques exceptions près.

Sans doute, les officiers étaient gens de cœur et d'intelligence; sans doute, avec l'expérience ils devaient bien faire. A presque tous dois-je payer ici un juste tribut d'éloges. Mais, il faut bien le reconnaître, dans la gravité de la situation, il ne suffisait pas d'être courageux et intelligent. La triste fin de cette campagne ne nous l'a que trop bien prouvé.

Quant aux sous-officiers et caporaux, beaucoup d'entre eux n'eurent jamais la moindre conscience de leurs obligations et de leurs devoirs. On demandait des galons comme on eût demandé une permission. Vous seriez bien aimable, mon commandant, si vous vouliez me nommer sergent. C'était un caporal, nommé depuis huit jours, qui m'adressait cette requête. Il pensait probablement que son nom, ses titres et sa fortune se trouvaient fourvoyés au milieu des autres caporaux. D'ailleurs, il en avait vu tant d'autres, qu'il pouvait bien se passer cette fantaisie.

Si, à ces causes désorganisatrices, on joint l'effet énervant produit par les permissions de vingt-quatre heures, de quarante-huit heures et plus accordées par centaines dans les compagnies et visées par l'autorité sans nerf, qu'on me passe l'expression, qui avait la haute-main sur cette agglomération d'hommes avant qu'elle ne fut formée en bataillon; par des absences illégales, plus ou moins prolongées et nullement réprimées, on arrive immédiatement à constater la presque impossibilité de discipliner et de retenir dans le rang tous ces hommes, qui n'avaient d'autre but que de se soustraire aux saintes obligations que leur demandait la patrie affolée.

Dans ce cataclysme mérité, l'égoïsme avait flétri tout noble sentiment : cette maladie morale, déjà vieille chez nous, avait étendu son souffle sur toute la France. Partout on ne voyait que soi; la patrie n'existait plus. Heureux si l'avenir la sauve, mais je doute que cette terrible leçon, qui n'est pas encore assez dure à mon avis, nous serve et nous profite.

Et, qu'on n'aille pas dire que l'armée seule a failli! La France entière, dès le début et jusqu'à la fin, s'est manquée à elle-même.

Les villes soumises à l'occupation se plaignent aujourd'hui; elles ne se rappellent donc plus ce mot fameux d'un de nos ancêtres : *Vœ victis.* Que doivent donc dire l'Alsace et la Lorraine? Payons au plus tôt les cinq milliards de notre rançon; après tout ce n'est que de l'argent.

Cependant, le temps pressait; la situation s'assombrissait chaque jour. Les coureurs ennemis poussaient des pointes jusque sur la rive gauche de la Loire. Il fallait discipliner et instruire le plus rapidement possible tous ces hommes, afin de les mettre en mesure de joindre leurs efforts à ceux de leurs frères, engagés déjà dans la lutte.

Discipliner cette masse d'hommes, c'était la rendre

malléable au gré de son chef; c'était la préparer à recevoir ses inspirations, à exécuter ses ordres. L'instruire, c'était relever son moral et surtout son amour-propre, ce levier si puissant des grandes actions, même en l'absence de toute idée de devoir. C'était, en un mot, faire renaître chez ces hommes la confiance en eux-mêmes et dans leurs chefs. Dans ces conditions, seulement, on n'est plus cohue, on est troupe.

Dès les premiers jours de mon arrivée et à la première réunion, je fis enlever, sur les rangs, par ses voisins de droite et de gauche, sous la surveillance du caporal d'escouade, un homme qui s'était permis d'insulter une femme, et qu'un officier, qui commandait la compagnie, ne pouvait faire taire. Cet homme, placé sous l'escorte de deux de ses camarades en armes, traversant, pour se rendre à la prison, la place où était réuni le bataillon, devait nécessairement produire un excellent effet.

Une des premières mesures que je pris également, fut de faire connaître, par la voie du rapport, mon intention formelle de refuser, d'une manière absolue, toute permission, quels qu'en fussent d'ailleurs l'urgence et le besoin. La patrie agonisait, il s'agissait bien de permissions.

Cette mesure trouva, je l'avoue, des récalcitrants. Quelques-uns partirent sans autorisation. A leur rentrée, ils furent punis de quinze jours de prison.

Pour arrêter immédiatement ces absences illégales, et pour empêcher qu'elles ne prissent un plus grand développement, je décidai que, chaque jour, une compagnie, à tour de rôle, serait commandée de grand'-garde.

Des postes, fournis par la compagnie de service, furent placés sur toutes les routes, sur tous les chemins s'éloignant d'Henrichemont, et ces postes furent reliés entre eux par une ligne serrée de factionnaires. Des rondes d'officiers et des patrouilles assurèrent ce service, de jour comme de nuit.

Il fut également interdit à toute voiture publique, quittant Henrichemont, de prendre aucun militaire du cantonnement, sans une autorisation spéciale de ma part.

Toute mesure préventive, pour être efficace, admettant la nécessité d'une sanction, en conséquence de ce principe, les voitures publiques furent visitées à leur départ ainsi qu'à leur rentrée, et quinze jours de prison devaient être infligés à tout mobile franchissant la ligne des factionnaires et à tout factionnaire ou chef de poste prêtant la main à l'évasion.

Malgré ces précautions, quelques-uns, en bien petit nombre, parvinrent encore à quitter les cantonnements, en rampant, la nuit, sur le ventre, en traversant les haies, ou bien travestis en civils.

Ces grand'gardes, en même temps qu'elles assuraient l'exécution des ordres donnés, étaient du nouveau pour ces hommes. Elles leur faisaient pressentir la campagne puisqu'ils en exécutaient déjà un des services les plus journaliers et les plus nécessaires.

Dans la journée, une section de la compagnie faisait une reconnaissance aussi sérieuse que le permettait l'état d'instruction des officiers et des hommes. Un rapport m'était adressé à la descente de la grand'garde.

En France, nous abusons des grand'gardes, par cette raison que nous ne savons pas nous en servir ni en faire le service, malgré l'excellent chapitre qui leur est consacré dans le règlement sur le service des armées en campagne. Combien de fois n'a-t-on pas vu des divisions surprises tout en déployant un luxe inouï de grand'garde. N'est-ce pas par une surprise qu'a débuté, à Wissembourg, la série de nos effroyables défaites?

L'ivresse trouva également en moi un adversaire acharné. Pour couper court à cette maladie démoralisatrice, je fis prévenir, d'accord en cela avec les autorités municipales d'Henrichemont qui, du reste, me prêtèrent, en toutes circonstances, le plus bienveillant concours, les maîtres de café et de cabaret que quiconque d'entre eux donnerait à boire à un mobile au point de l'enivrer, verrait son établissement consigné pendant quinze jours, et que, pour assurer la stricte exécution de cette mesure, un factionnaire serait placé à leur porte, de jour et de nuit, durant le temps déterminé.

J'allais dire que ce simple avis suffit. La cantinière de la garde nationale subit seule l'application de cette mesure; il y eut bien quelques démarches en sa faveur, je tins bon, et quinze jours durant on vit un factionnaire se promener devant sa porte.

Il va de soi que quinze jours de prison attendaient tout sous-officier ou simple mobile qui aurait enfreint la consigne du factionnaire.

La mesure, comme on le voit, fut efficace. Les délinquants comprirent que c'était leur imposer une perte sèche et se le tinrent pour dit.

J'ai toujours entendu dire, et j'ai été à même de m'en assurer pendant les dix-neuf ans que j'ai passés au service, que le paysan berrichon devient, au bout de peu de temps, un très-bon soldat. Sans doute, il ne vaut ni l'Alsacien, ni le Breton, ces deux soldats types, quand ils sont débourrés.

D'un naturel plus indolent et plus mou, il a néanmoins comme eux des qualités solides.

Généralement moins bien charpenté que ces derniers, au moral comme au physique, il est tout autant pour ne pas dire plus disciplinable. Plus sobre que ses modèles, il s'enivre moins.

Aussi ignorant que le paysan breton, il est aussi superstitieux. Sensible et doux de caractère, tous les deux pleurent en quittant leur clocher. Tous les deux sont également susceptibles d'attachement. Le Breton, plus entêté, est également plus dévoué.

D'une saleté révoltante, quand il arrive au régiment, le paysan breton sort lentement de son enveloppe de crasse. Presque aussi sale que lui, le berrichon se blanchit plus vite.

Cependant, à Henrichemont, je fus obligé d'employer un de ces moyens qui sont devenus classiques dans les régiments à l'arrivée des contingents bretons.

Informé qu'un mobile du bataillon, depuis je sus qu'il y en avait plusieurs, était atteint de cette affection répugnante que le simple contact peut communiquer et que, de plus, il était rongé par des parasites; je n'avais pas à hésiter, d'autant plus que, le froid commençant déjà à se faire sentir, je remarquais dans le bataillon une tendance fâcheuse à se laisser aller, malgré tout ce que je pouvais dire sur la propreté.

Il fallait un exemple qui put profiter. Je saisis l'occasion. Cet homme, en présence de tout le bataillon,

fut amené auprès de la fontaine qui s'élève au milieu de
la place d'Henrichemont, et là, dépouillé de la plus
grande partie de ses vêtements, quatre de ses camarades d'escouade le frottèrent fortement avec de la
paille, le séchèrent ensuite en lui faisant faire au pas
gymnastique deux fois le tour de la place. — Le même
exemple fut répété à Saint-Loup-de-la-Salle.

L'Alsacien restait le plus souvent soldat...., le
Breton beaucoup moins, le Berrichon rentre au pays.

Il est bien entendu que je ne mets pas en parallèle
le soldat bâtard, produit des quelques fabriques et de
certaines petites villes du Berry.

Grossier imitateur du soldat parisien, si injustement
encensé, comme lui il crie, s'agite et se démène; il
fronde sous cape toute autorité; il cherche, au besoin,
parmi les plus mauvais, ceux qu'il peut pousser en
avant pour servir ses desseins. Les a-t-il trouvés, il les
flatte, les caresse jusqu'à ce qu'il les ait complètement
persuadés. Est-il découvert, il courbe la tête et rampe
sous la main qui le châtie. Le Parisien, au contraire,
s'insurge et se déclare toujours prêt à recommencer
quand l'occasion s'en présentera, il est plus franche-
ment canaille. L'autre ruse, louvoie, et n'arrive qu'au
moyen de longs détours, il se fait taupe.

Chaque jour, le bataillon faisait six heures d'exercice
et souvent sept. MM. les officiers, sous-officiers et caporaux étaient en outre exercés de midi à une heure
et demie.

Le matin nous faisions de l'école de soldat, le soir
de l'école de peloton, et la journée se terminait par
les mouvements, les plus usuels en campagne, de l'é-
cole de bataillon.

Bientôt nous fûmes en mesure d'exécuter quelques-unes des petites opérations journalières en campagne. Tantôt une partie du bataillon essayait d'enlever et de surprendre le bivouac ou le campement de l'autre partie. Tantôt c'était l'attaque d'un village défendu par quelques compagnies, et dont le plan avait été levé à l'avance, ou bien encore sans plan levé et sur les simples renseignements des paysans. Un autre jour, c'était une reconnaissance offensive sur les abattis de la forêt de Saint-Palais, supposés défendus par un corps moins nombreux. Tantôt c'était tout à la fois l'attaque et la défense de ces mêmes ouvrages.

Au point de vue de l'art, ces ouvrages étaient bien peu sérieux pour l'ennemi que nous avions à combattre. Du reste, dans les lignes d'investissement dont il a entouré Paris, il nous a donné la mesure de son savoir faire en ouvrages de défense et de fortification passagère. Pourtant il n'avait pas fait comme nous le siége de Sébastopol. La défense à jamais mémorable du général Totleben aurait dû nous profiter. Nos troupes n'allaient-elles pas faire du bois sur le mamelon de Malakoff qui nous a coûté depuis tant de sang et tant d'efforts.

En France on oublie vite.

Nous apprenions également à nous déployer en tirailleurs sur le terrain même de la lutte, et chacun y apportait d'autant plus d'attention qu'il en comprenait mieux le mécanisme, l'importance et la nécessité.

Ici, je dois, avant d'aller plus loin, réagir contre cette idée fixe qu'avaient les hommes de croire que, étant un bataillon composé, pour les deux tiers, d'hommes mariés, ils ne devaient donner qu'à la der-

nière extrémité, et que le bataillon auquel ils apparte-
naient n'était, à proprement parler, qu'un bataillon de
réserve. Cette idée, en principe complètement fausse,
puisque nous étions beaucoup trop et déjà depuis
longtemps réduits à la dernière extrémité, leur présence sous les armes le prouvant suffisamment, l'était
d'autant plus encore que le régiment, dont nous faisions partie, était considéré comme un des meilleurs
régiments de mobile et par là même appelé à donner
souvent. Il est vrai que les hommes ignoraient cette
circonstance. Si la guerre eût continué, cette illusion
eût été de courte durée.

Chaque jour le bataillon se disciplinait ; chaque jour
on prenait de plus en plus goût aux manœuvres,
lorsqu'une terrible maladie vint à éclater au milieu de
nous : la variole.

En moins de quinze jours deux cents hommes furent
atteints. Deux seulement en moururent.

L'hospice civil d'Henrichemont ne pouvait disposer
que de deux lits immédiatement. Je fis appel au zèle
et au patriotisme des habitants. On mit à la disposition
du bataillon les deux salles de l'hospice où les sœurs
faisaient, je crois, l'école. Le lendemain elles étaient
garnies des lits qu'elles pouvaient contenir.

Malgré ce généreux concours, malgré ce louable
empressement, dont je remercie sincèrement les habitants, j'étais loin de pouvoir offrir une place à tous ces
pauvres malades.

Que faire ? Les diriger sur les hôpitaux de Bourges ?
Ils regorgeaient déjà de malades et de blessés ; il n'y
avait pas à y songer.

Je pris alors sur moi une de ces mesures que la

nécessité justifie suffisamment, mais qu'un membre de l'intendance d'alors critiqua très-fort. C'était bien là le cas, je l'en remercie.

Eux qui ne pouvaient rien, ni pour le bataillon, ni pour tant d'autres; eux qui n'ont pas su, pendant un mois entier, me procurer deux cents paires de souliers, et qui m'ont laissé entrer en campagne avec deux cents hommes en sabots; eux que j'ai vus à l'œuvre en Crimée, en Italie et dans notre malheureuse campagne de l'Est; pourvu que cette unanimité d'anathêmes et de malédictions qui s'élèvent encore aujourd'hui contre eux, les emporte cette fois! Ce ne sera que justice.

D'eux alors, il ne nous resterait plus que le souvenir d'hommes, pour la plupart très-bien élevés et se présentant à merveille dans un salon.

Dès que les premiers symptômes de la maladie se déclaraient chez un homme, il était immédiatement visité, et, si le docteur le jugeait convenable, cet homme était renvoyé de suite dans ses foyers pour huit ou quinze jours.

Il y a eu quelques abus, je l'avoue. Des hommes soi-disant malades ont assiégé le médecin pendant des journées entières et jusqu'à ce qu'il leur eût été délivré un bon pour une permission de convalescence. Et d'ailleurs l'état symptomatique d'un homme n'est pas toujours si bien défini qu'un médecin ne puisse pas s'y tromper quelquefois.

Quoi qu'il en soit, tout en faisant la part des quelques abus qui ont pu se glisser dans l'application de cette mesure, il n'en est pas moins vrai que ne pouvant garder ces malades à Henrichemont, où je n'avais ni emplacement ni moyens suffisants pour les soigner, ne pouvant pas non plus les envoyer à Bourges, dont les hôpitaux et les ambulances regorgeaient, il ne me restait qu'un parti à prendre et dans l'intérêt du bataillon pour éviter qu'il ne fût entièrement infecté, et dans l'intérêt des malades eux-mêmes : c'était de les renvoyer chez eux pendant quelque temps.

Cent cinquante hommes environ furent renvoyés dans leurs familles dans ces conditions.

Sur ce nombre, un tiers rejoignit le bataillon, un tiers se confina au dépôt, c'était plus facile, et on y était moins exposé, et enfin le dernier tiers demeura tranquillement chez lui, sûr de n'être inquiété ni par la gendarmerie, ni par les maires, et sur la foi d'un certificat de médecin dont le vu pour légalisation de la signature n'allait pas jusqu'à légaliser l'existence réelle de la maladie. C'eut été trop demander.

Durant toute cette triste période, la conduite de M. le docteur civil d'Henrichemont fut digne d'éloges ; je ne saurais trop l'en remercier.

Cette mesure amena un mieux sensible dans l'état sanitaire du bataillon. Il ne comptait plus lors de son départ d'Henrichemont que quelques cas isolés.

Si dans le bataillon, au point de vue militaire, tout marchait presqu'à souhait, il n'en était pas de même au point de vue de l'administration.

L'habillement était dans le plus déplorable état. La plupart des pantalons étaient hors de service. La moitié des hommes n'avaient que des blouses et pas de vareuses. Quelques rares sous-officiers et caporaux avaient des tuniques. N'eut été l'aspect discipliné du bataillon, on eut dit de lui un bataillon de Bachi-Bouzous. Qu'avait-on fait depuis trois mois ?

Le drap des pantalons et des vareuses était de la plus mauvaise qualité. Il y avait impossibilité, pour les hommes, de raccommoder eux-mêmes ou de faire raccommoder l'un ou l'autre de ces effets; le drap ne pouvait supporter le fil.

La commission chargée de recevoir un drap semblable destiné à vêtir des hommes sur le point d'entrer en campagne, n'est pas excusable. Du fournisseur..... je n'en dis rien.

Vainement je réclamais des pantalons, des vareuses pour remplacer ces loques ignobles; on me répondait toujours par une fin de non-recevoir.

L'intendance ne pouvait pas autoriser le remplacement de ces effets usés prématurément, sans avoir des procès-verbaux constatant la mauvaise qualité du drap. Faites-en, disais-je au capitaine commandant le dépôt. —Ils sont faits; je les attends. Pendant que ces procès-verbaux se promenaient de Gien à Avignon, d'Avignon à Chagny, de Chagny je ne sais où, les hommes souffraient. Sont-ils arrivés à l'heure qu'il est? Peut-être les attend-on toujours. Je l'ignore. Je le répète, pendant que l'intendance ne décidait rien, le froid arrivait; les hommes grelottaient; à peine pouvaient-ils complètement se couvrir. Qu'on ne croie pas que j'exagère; les onze cents hommes qui sont entrés en campagne avec moi pourront hautement l'affirmer.

Les chaussures nous faisaient aussi complètement défaut. Il eût fallu à chaque homme deux paires de souliers; hélas! nous étions bien loin de compte. Quand nous nous mîmes en route pour Gien, deux cents hommes encore étaient en sabots.

Les choses les plus indispensables pour le nettoyage

des armes avaient été complètement oubliées; personne au dépôt n'y avait songé.

Les havre-sacs étaient également, pour le bataillon, du fruit défendu. Plus tard, j'ai appris, par le chef du 1ᵉʳ bataillon (Charente-Inférieure) du régiment, qu'à son passage à Bourges, le dépôt de la mobile du Cher lui avait fourni des havre-sacs pour tout son bataillon. Je n'ai jamais pu m'expliquer pourquoi on donnait aux autres ce dont nous avions également un besoin si pressant.

Un jour, au dépôt, on me montre des ateliers où devaient se fabriquer, disait-on, jusqu'à huit cents sacs par semaine. Mais il fallait attendre; ces ateliers n'en étaient encore qu'à leur période d'essai. Attendre! à chaque moment l'heure de notre départ pouvait arriver. Il avait fallu à ces ateliers quatre mois pour naître. Je retournais à Henrichemont le cœur navré.

C'était dans ces conditions, dans cet état d'organisation que le bataillon allait entrer en campagne, dans une saison d'ordinaire très-rigoureuse, et qui, depuis, dépassa toutes les prévisions.

Le 22 novembre, le bataillon reçoit, à huit heures du soir, par dépêche télégraphique de M. le général de division Mazure, l'ordre de se rendre le lendemain à Bourges, pour y compléter, aussitôt son arrivée, son habillement, son équipement et changer son armement, modèle 1842 transformé, contre des fusils modèle 1866, autrement dits chassepots.

Le bataillon se mit donc en route le 23 au matin, accompagné des vœux d'une grande partie de la population d'Henrichemont, où il avait su se faire estimer et apprécier durant le mois qu'il venait d'y passer. Allez,

3

lui disait-on, on a besoin de vous là-bas; nous sommes sûrs que vous ne tromperez pas notre attente.

Hélas! nous partions joyeux. Nous ne pensions plus aux premiers revers. Tous, nous n'avions, à ce moment, qu'un seul désir : culbuter l'ennemi, si c'était possible, et le chasser de notre chère patrie. Aucun de nous, assurément, n'entrevoyait la Suisse au bout de la carrière.

Du reste, qui donc eût pu penser jamais qu'une armée française, défendant le sol sacré, devait, dans un jour d'éternelle douleur, passer en Suisse pour éviter d'être faite prisonnière dans son propre pays.

Pourtant, c'est là ce qui nous attendait, nous dont le cœur s'ouvrait à l'espérance, avec les premiers succès de l'armée de la Loire. Cette fumée fut vite dissipée.

Il y avait eu Sedan, puis Metz; l'autre drame dont nous fûmes acteurs n'a pas de nom.

En arrivant à Bourges, le bataillon, conformément aux ordres qu'il avait reçus, voulut compléter son habillement et son équipement.

On ne put mettre à notre disposition que cinq paires de souliers par compagnie, une ceinture de flanelle pour chaque homme et quinze pantalons à partager entre mille hommes qui en avaient le plus pressant besoin.

Il était dix heures du soir que le commandant de ce bataillon de Bachi-Bouzous furetait encore dans les bureaux, pour savoir si, dans quelque coin ignoré, il ne trouverait pas quelques effets oubliés dont le bataillon pût faire son profit.

## DEUXIÈME PARTIE,

Le 23 au matin, ainsi que l'avait prescrit le général, le bataillon procédait à l'échange de son armement et recevait des cartouches. A onze heures, l'opération était terminée; à midi le bataillon quittait Bourges, se dirigeant sur La Chapelle-d'Angillon, où il arrivait à huit heures du soir.

Cette marche fut longue et pénible. Installés, les uns sur les autres, sur de la paille à moitié pourrie, dans des locaux insuffisants et dégoûtants de malpropreté, les hommes, pour la plupart, avaient passé la nuit sans dormir. De plus, un certain nombre d'entre eux avaient marché une partie de la nuit pour aller embrasser leur famille. Nous arrivâmes à La Chapelle harassés.

Le 24, le bataillon couche à Argent. Le 25, il arrive à Gien où il campe, près de la gare, dans la boue et dans l'eau.

A partir de ce moment, le bataillon entre réellement en campagne. Ainsi le voilà, avec des vêtements en loques et insuffisants, forcé de supporter les intempéries et les rigueurs d'une saison qui va devenir atroce; avec cent cinquante hommes, encore en sabots ou à peu près, forcés de faire des marches continuelles et par tous les temps, avec des armes excellentes, il est vrai, mais qu'il ne connaît en aucune façon, qu'il ne sait pas même charger, forcé de faire face à des soldats aguerris, bien vêtus, bien nourris, parfaitement équipés, bons tireurs, et munis d'une artillerie puissante et nombreuse dont ils savent admirablement se servir.

Malgré tous ces désavantages nous espérions encore. La bonne volonté de tous, du moins nous y croyions ; la confiance dans nos nouveaux généraux, nous n'avions pas encore été trompés dans notre attente ; la nouvelle de quelques succès soutenaient notre courage et notre ardeur.

Dès avant notre départ d'Henrichemont, le 4e bataillon du Cher avait pris rang dans le 18e corps. Il composa, avec un bataillon de la Charente-Inférieure, aux ordres de M. de Bonsonges, avec un bataillon de l'Indre, aux ordres de M. Dérémé, le 81e régiment provisoire de mobiles. M. le lieutenant-colonel Raynaud commandait le régiment.

Embrigadé avec le 4e régiment de marche de zouaves dans la 1re brigade de la 3e division du 18e corps, il eut successivement pour chef de brigade M. le lieutenant-colonel Ritter, du 4e de zouaves, qui se brisa la jambe en passant l'Oignon sur la glace, à Pesmes, et M. le lieutenant-colonel du génie Goury.

Le général de division Bonnet, comme ancien colonel en retraite, commandait la division. D'une bravoure au-delà de tout éloge, il s'arrêtait là.

Le 26 au soir, le bataillon se rend, par les voies ferrées, à Montargis.

Ici se place un mot que j'ai entendu, et qu'il est bon de rapporter, afin de faire connaître, à nos compatriotes, pour combien la géographie entrait dans le haut enseignement militaire ; avec quelle somme d'études préparatoires, avec quelle connaissance des localités on allait prendre un commandement.

En descendant du chemin de fer, la première question que pose, au chef de gare, un chef de bataillon du génie qui se trouvait dans le même compartiment que moi, fut celle-ci : « Montargis est-il assez grand pour que j'y puisse trouver une chambre? »

Cette question, de la part d'un commandant du génie, n'a pas besoin de commentaires, et elle prouve, une fois de plus, combien le moi se substitue facilement à tout autre idée. Moi d'abord, à demain les autres.

Le bataillon séjourne le 27 à Montargis, bivouaqué sur les trottoirs qui avoisinent la gare. Deux cents hommes sont en grand'garde. Dans la journée, on fait l'exercice par compagnie, on apprend aux hommes à charger les armes.

Le 28, placé sous les ordres du colonel d'état-major de l'Espée, avec un bataillon léger d'Afrique, nous couvrons la marche de la brigade Perrin qui se portait sur Ladon, par Pannes et Saint-Maurice.

Chacun de nous connaît les résultats des combats de Ladon, Mézières et Juranville, où les mobiles du Cher prirent si largement leur part de gloire et de douleur.

Que ne nous a-t-il été donné de faire comme eux et au même prix! Ils nous avaient précédés dans la carrière, nous arrivions. Ils étaient nos aînés dans la gloire, nous comptions les imiter. Le sort en a décidé autrement.

Le 29, le bataillon quitte Ladon à 6 heures du matin, revient à Montargis où il bivouaque sur l'emplacement qu'il occupait la veille.

Le but de cette marche ne m'a jamais été parfaitement démontré. Etait-ce pour appuyer les attaques sur Juranville et Beaune-la-Rollande? Nous arrivions trop tard. Etait-ce un simple déploiement de forces pour tromper l'ennemi ? Toujours est-il que les Prussiens, pendant qu'ils amusaient notre aile droite avec des forces inférieures, passaient entre le centre, qu'ils mettaient en déroute, et notre aile gauche qu'ils refoulaient en aval de la Loire, et reprenaient Orléans.

A dix heures du matin, toutes les troupes quittent la ville, et se portent de nouveau sur Ladon. On confie au bataillon, renforcé de trois compagnies d'infanterie de marche, la défense de la position du château.

Le 30 au matin, la 5ᵉ compagnie, de grand'garde sur la route de Paris, signale des cavaliers Prussiens à 400 mètres en avant d'elle.

Au reçu de cette dépêche, je fais mettre immédiatement le château en état de défense.

Les fenêtres sont garnies de tirailleurs ; les issues sont fortement occupées et couvertes par des tambours ; à l'extérieur, sur les pentes, des compagnies se déploient et défendent les approches ; des réserves sont disposées à l'abri et de façon à exécuter le plus promptement possible de vigoureuses sorties ; le cimetière, qui fait partie de l'ensemble de la position, est crénelé et occupé par une compagnie. C'est par là que la retraite doit s'effectuer si nous y sommes contraints. Des vivres de toute nature sont réquisitionnés dans la ville pour au moins 24 heures. Toutes les mesures sont prises pour résister à un coup de main et conserver à tout prix une position dont dépend l'occupation de la ville, et qui assure, sur ce point, le retour de nos troupes de Ladon.

L'entrain des hommes fut tel, qu'en moins de vingt minutes, tout fut prêt.

Pendant que se faisaient les préparatifs de défense,

de fortes patrouilles étaient dirigées sur plusieurs points, reconnaissant l'ennemi, et assuraient au besoin le retour de nos grand'gardes.

Durant cette malheureuse guerre, les renseignements fournis par les paysans furent toujours exagérés, quand ils n'étaient pas complètement faux. La peur, cette alliée des armées prussiennes, qui leur rendit tant et de si grands services, leur montrait des Prussiens partout. Qui les entendait dans leurs rapports, les voyait émus et terrifiés. Il leur semblait entendre, à chaque instant, derrière eux, le pas lourd et pesant d'un soldat Prussien.

Oh ! ma patrie, comme tu es dégénérée ! Tu n'es plus la nation des braves ! *Degenerensque Neoptolemus narrare memento.*

Le retour des reconnaissances et des patrouilles, m'apprit que nous n'avions à faire qu'à une centaine de hussards, qui masquaient un fourrage dans le petit village de Carquilleroy, distant de Montargis d'environ quatre kilomètres.

En tout état de cause, je maintins toutes les dispositions qui avaient été prises. Les grand'gardes furent rapprochées, surtout celles de la route de Paris. Une section préposée à la garde du pont, assurait sa retraite. J'avais d'autant plus de raison d'agir ainsi, que j'avais été prévenu qu'un corps de neuf à dix mille hommes, cherchant à rejoindre le prince Charles, devait passer un peu au nord de Montargis.

Sans ces précautions, le bataillon pouvait être enlevé d'un moment à l'autre, sans pouvoir se défendre.

Il est à regretter que l'ennemi ne se soit pas présenté devant le château cette journée-là. Les hommes se sentant abrités, se sachant bien embusqués, jugeant par eux-mêmes des dispositions qui avaient été prises pour résister se seraient parfaitement conduits, j'en ai l'intime conviction.

Déjà même, l'attente et le voisinage de l'ennemi les grisait. Ils étaient mécontents de perdre une aussi belle occasion ; j'avais peine à les retenir.

C'est par le voisinage fréquent de l'ennemi, c'est par de petits combats souvent répétés, que l'homme s'aguerrit et finit par mettre sa vie, sans même s'en rendre compte, à l'enjeu d'une bataille.

Une levée faite en masse et poussée immédiatement à l'ennemi, est plus qu'un acte de folie, c'est un crime de lèse-nation.

Le 31 décembre, en vertu d'ordres émanés du quartier général, et après l'effroyable désastre d'Orléans, le bataillon quittait Montargis à une heure, se repliait sur Nogent-sur-Vernisson, y prenait le chemin de fer et se rendait à Gien.

A notre descente du chemin de fer, un jeune sous-lieutenant de mobiles, de je ne sais quel département, attaché, comme officier d'ordonnance, au commandant de la place de Gien, se présente à moi. J'ai l'ordre, mon commandant, de vous conduire sur l'emplacement qui vous est destiné. Il était neuf heures du soir. La terre était couverte de neige depuis le 15 décembre et nous ne devions plus la quitter jusqu'à notre entrée en Suisse.

Le bataillon formé en colonne par divisions suit son guide ; l'emplacement de notre bivouac se trouvait à environ 500 mètres de la gare. Le terrain complètement découvert et profondément gelé est coupé de sillons profonds. Du bois, des vivres où en prendrons-nous ? Nous n'en avons pas à mettre à votre disposition, répond le sous-lieutenant, il est trop tard. Au reste, ajoute-t-il, le commandant de la place est à la gare, vous pourrez le voir.

Je donne alors l'ordre de dresser les tentes, quelques sourds murmures se font entendre. Les piquets refusent d'entrer dans la terre, tellement elle est durcie par le froid; ils se brisent sous les coups répétés. Les murmures augmentent. Une voix partie de l'extrémité d'une division jette alors cet appel à la révolte. Allons-nous-en chez nous. C'était bien là le Berrichon, son chez soi; ce cri partait du cœur. Nous n'avons ni bois, ni vivres, allons-nous-en chez nous, répète la même voix; quelques autres répondent timidement d'abord, s'enhardissent, et, de plusieurs côtés, le même cri se fait entendre, allons-nous-en.

Du milieu des divisions où je me trouvais, je m'adresse à haute voix aux officiers: Je ne comprends pas, Messieurs, que vous souffriez dans vos compagnies, des cris semblables. J'en appelle à toute votre énergie. Un instant le silence se fait; puis tout-à-coup, derrière moi, une voix s'élève et crie de nouveau: Allons-nous-en chez nous. Je saisis mon revolver, je me retourne et l'appuyant sur le front de celui que je supposais le coupable: un mot de plus, et je te fais sauter la tête. Cet homme pâle et défait recule, balbutie quelques mots à voix basse et des larmes coulent abondamment de ses yeux.

Je sus depuis qu'il n'était pas le coupable; qu'importe, une voix se serait fait entendre que cet homme

4

était mort. Il était sacrifié à la théorie de l'exemple. Je ne fis aucune recherche; je ne voulus rien savoir, le fait ne se renouvela plus. Du bois, les hommes en trouvèrent. Des vivres, nous nous en passâmes.

Les journées des 1er, 2, 3, 4, 5, 6 et 7 se passent dans des alertes presque continuelles. Le bataillon reste deux jours de grand'garde, en avant de Gien, sur la route de Montargis.

Relevé le 7, nous prenons part à des travaux de défense qui doivent, dit-on, arrêter l'ennemi, pendant qu'une partie des troupes passera la Loire.

Ces défenses, dominées de tout côté et à très-courte distance, sont élevées contre toutes les règles. De l'aveu même de ceux qui les tracent, elles ne peuvent, un seul instant, suspendre la marche de l'ennemi. Décidées dans la matinée, on ne les commence que vers trois heures. On veut se hâter, le désordre s'en mêle.

Vers dix heures, le régiment de zouaves de la brigade, avait été envoyé en reconnaissance sur la rive droite de la Loire.

Tout-à-coup le canon se fait entendre. Les troupes se forment en bataille sur deux lignes perpendiculaires à la Loire et parallèles à la route de Gien à Montargis. L'artillerie lancée au galop se porte en avant.

Est-ce une bataille qui va s'engager? Non, le passage de la Loire s'effectuera sans que l'ennemi s'y oppose. Il ne veut que le précipiter.

Un colonel d'artillerie se présente pour déboucher sur les plateaux de gauche avec une batterie de douze. Où faut-il la diriger? demande-t-il à un capitaine de la même arme qui arrive au galop. On vous cherche depuis midi, colonel, vous êtes toujours où il ne faut pas; et, quand on est assez heureux pour vous trouver, vous ne savez que faire ni où aller. Au canon.... les artilleurs, ajoute le capitaine, et la batterie part ventre à terre.

Il a peur, dit le capitaine à demi-voix, en se tournant vers un groupe d'officiers du bataillon, et il disparaît. Quels officiers ! Quelle discipline !

La gare offrit dans cette journée l'image de la plus triste désolation. Encombrée de wagons chargés qu'on s'efforçait de soustraire à l'ennemi ; nul ne pouvait s'y reconnaître. Les cris des employés ahuris courant çà et là, les sifflets stridents et précipités des locomotives et par-dessus tout la grande voix du canon qui se rapprochait sans cesse, contribuaient encore à augmenter ce désordre indescriptible.

Vainement les locomotives emmènent-elles de longues files de wagons, il en reste toujours, et l'ennemi s'approche.

Sur les voies, sur les quais, sous les hangards, gisent pêle-mêle, des vivres et des vêtements de toute sorte. Des balles de riz et de café effondrées, des sacs de sel troués, des pains de sucre brisés se heurtent, mélangés et confondus, avec des milliers de paires de souliers, des hâvre-sacs et des chemises, des ceintures de flanelle et des caleçons, des pantalons et des vareuses qu'on avait essayé de jeter dans des wagons vides, restent épars au pied des trains à moitié formés.

Tous ces effets, tous ces vivres, dont nous aurons tant besoin plus tard, vont-ils devenir la proie d'un ennemi acharné qui ne nous laisse ni repos ni trêve ? Un ordre est donné. Ces effets, que les locomotives ne peuvent emmener, que les hommes ne peuvent emporter, deviendront, dans la nuit, la proie des flammes, et les lueurs de cet incendie, si profondément regrettable, éclaireront les longues files de voitures de toute sorte, l'artillerie, la cavalerie et les fantassins qui vont s'engager sur le pont.

L'ennemi, contre son habitude, sera débonnaire cette nuit, pas un seul coup de canon n'inquiétera le passage.

Quelle horrible chose qu'une défaite!

Dans la journée du 3, sur l'ordre du lieutenant-colonel commandant le régiment, auquel la tenue délabrée du bataillon faisait pitié, j'avais envoyé des officiers fouiller dans cette immense quantité de wagons pour savoir si nous ne pourrions pas trouver ce qui nous manquait. A leur retour, j'apprends qu'il y avait des souliers, des hâvre-sacs et des pantalons à notre disposition. Dans la soirée le bataillon avait changé d'aspect, il était presque beau.

A la nuit tombante, le canon avait cessé de se faire entendre, et les troupes qu'on avait déployées allumèrent leurs feux sur l'emplacement qu'elles occupaient. Durant cette canonnade, le bataillon était resté au pied de ses faisceaux, calme, mais un peu anxieux.

A sept heures, le bataillon reçoit l'ordre de passer la Loire et d'aller bivouaquer à quatre kilomètres sur la rive gauche en aval de Gien. Les routes sont tellement encombrées qu'il n'arrive qu'à onze heures dans la vaste plaine de neige qui lui a été assignée pour l'emplacement de son bivouac.

Ses feux sont à peine allumés qu'il reçoit l'ordre, à minuit, de partir immédiatement.

Pendant que l'armée se sauve, — car ce n'est plus une

retraite, c'est une affreuse déroute, un pêle-même inouï, un torrent d'hommes affolés, une avalanche humaine poussée par cette main invisible que je nommais tout à l'heure la peur; — le bataillon, mis à la disposition du sous-intendant de la 3e division, escortait notre convoi, de Gien aux Aix, en passant par Léré et Sancerre.

Dire les difficultés que nous eûmes pour réunir ce convoi est impossible. En m'indiquant la route qu'il suivait, il était parti avant notre arrivée au lieu indiqué, le sous-intendant me dit : « Vous choisirez parmi les quatre ou cinq cents voitures qui se sont engagées depuis hier au soir sur cette route, celles qui nous appartiennent, vous en formerez un convoi que vous nous amènerez aux Aix. » Il était une heure et demie du matin. « Monsieur le sous-intendant, lui dis-je, je constate que vous ne me remettez pas de convoi; si les voitures qui nous appartiennent sont prises, je dégage d'avance, devant vous et devant mes officiers, notre responsabilité. Dans tous les cas, le bataillon fera son devoir, croyez-le bien. »

Ce ne fut qu'au prix des plus grandes fatigues que nous parvînmes à réunir nos voitures. Officiers et soldats, conducteurs et chevaux n'en pouvaient plus; je pris sur moi de coucher à Léré. Le lendemain, le convoi arrivait en ordre à Sancerre. La 4e compagnie, qui couvrait la division de queue, avait fait plus que son devoir.

Sancerre, la patrie du sergent Pauliat.

Pauliat n'est pas brave, en cette occasion il fut conservateur.

Le soir de la canonnade de Gien, il est obligé, pour

se donner du cœur, de l'aveu même de ses camarades, de recourir à des moyens qu'on n'avoue guère. Trompé dans son attente, malade mais non brave, il préfère, en homme intelligent, disparaître complètement et laisser à d'autres, plus courageux et plus énergiques, le soin de défendre la patrie.

En récompence de cette désertion en face de l'ennemi, il demande à son pays de l'envoyer à la Chambre défendre, quoi?... le sait-il seulement? et son pays trompé lui donne onze mille voix.

Pendant que vos fils et vos maris vont souffrir tout ce qu'il est possible de souffrir; pendant qu'un fusil à la main, et beaucoup la rage au cœur, ils vont tenter de repousser l'étranger; — que l'entreprise soit folle et téméraire, je le veux bien, mais que de grandeur et de noblesse dans le dévouement à une aussi belle cause! Pendant que des marches continuelles dans la neige, pendant que le froid, la misère, les maladies et la faim vont les décimer par centaines, lui, déserteur, reste assis à son foyer, le front tranquille et serein, comme si la justice n'avait pas son tour.

Il a jeté loin de lui le fusil que la patrie en deuil lui avait confié pour la défendre; la peur, la livide peur a envahi son âme, il s'est sauvé. Et vous lui donneriez un bill d'indemnité? Oh! mes concitoyens!

Un jour, la Grèce combattait alors pour son indépendance, ses fiers soldats sont écrasés. Un seul échappe du carnage, arrive à Athènes et publie la foudroyante nouvelle. Chacun le repousse; les portes se ferment sur son passage; les petits enfants mêmes s'éloignent de lui, et le montrent au doigt. Le lendemain il était mort, il n'avait pas cru mieux faire.

Le 10, à quatre heures du soir, le bataillon arrive aux Aix, en bon ordre, avec son convoi qu'il remet intact aux mains de l'intendance qui l'en décharge.

Le 11, au matin, à propos d'une discussion plus que ridicule soulevée par un de ces adjoints auxiliaires de l'intendance, qui avait trouvé préférable de faire la campagne en cette qualité, plutôt que de rendre des services ailleurs, le général commandant le 18e corps fait appeler les officiers supérieurs de la mobile du Cher. Ils n'étaient plus que deux. En présence du lieutenant-colonel Raynaud, il leur adresse d'amers et vifs reproches sur leur tendance fâcheuse à ménager leurs hommes et leurs officiers. « Je n'ai pas besoin d'être ici pour vivre. J'ai de la fortune. C'est pourquoi j'entends que, comme moi, chacun fasse ici son devoir. » « Le commandant et moi, répond le lieutenant-colonel de Choulot, y sommes au même titre, mon général, et tous les deux pensons exactement comme vous. Tous les deux nous n'en sommes pas à nos débuts. Que chacun fasse son devoir, et nous nous n'y faillirons pas. » Après quelques réflexions plus ou moins justes sur la mesure des forces de l'homme, le général ajouta : « Du reste, Messieurs, je sais ce que peut donner la bête. » Hélas ! nous ne le sûmes que trop plus tard.

Il nous salua ; nous étions libres.

Qu'un comparse veuille jouer un grand rôle, personne assurément ne s'étonnera que la chute soit au bout.

Aux Aix, les trois bataillons qui formaient le 81e provisoire de mobiles, se trouvent réunis pour la première fois sous les ordres de leur lieutenant-colonel.

A partir de ce moment, bien que les différentes

phases, par lesquelles passa le bataillon, aient été communes aux deux autres, je n'en continuerai pas moins à ne m'occuper que de lui, laissant aux commandants de la Charente-Inférieure et de l'Indre, s'ils le jugent à propos, le soin de faire connaître à leurs concitoyens ce qu'ils ont fait et ce qu'ils ont souffert.

Le 12, à neuf heures du matin, le bataillon quitte les Aix et vient prendre position, faisant face à Saint-Martin, à gauche du nœud de suture des routes des Aix à Saint-Martin, et de Bourges à Argent.

A chaque instant, durant le trajet, il fallait nous arrêter, tant étaient nombreux les coups de feu, tirés au hasard, par une masse de fuyards, que notre cavalerie aurait dû sabrer, ou bien que la gendarmerie, si elle eut fait son devoir, aurait dû ramasser.

Ces coups de feu, tirés près des fermes, où ces fuyards, indignes du nom de soldats français, avaient passé la nuit, nous faisaient croire, à chaque pas à la présence de patrouilles prussiennes. Le feu fût si intense, à un certain moment, que nous crûmes prudent de faire couvrir le flanc gauche du régiment par une ligne de tirailleurs.

Tous ces soldats, errant à l'aventure, semant partout la crainte et l'effroi, répandant les nouvelles les plus absurdes, annonçant, à qui voulait l'entendre, que leurs officiers les avaient abandonnés, qu'on les avait conduits au combat sans munitions, — ils tiraient à chaque pas, — ou bien qu'on leur avait remis des cartouches dont les balles étaient en carton, ainsi que me l'affirma un jour, à Bourges, à l'hôtel de l'Europe, un gros homme de Nevers, riche, frais, épanoui, fort content de lui-même, peu habitué à démêler la vérité, peut-être encore moins à la dire, et qui, à coup sûr, ne s'est pas dérangé pour prendre un fusil et vérifier le fait sur un Prussien. Tous ces soldats indignes volaient, pillaient, rançonnaient les paysans et les forçaient à les servir. J'en ai vu, ivres à ne pouvoir se tenir, exiger, le sabre à la main, qu'on leur donnât encore à boire.

Que les paysans ont été stupides et lâches! Il fallait, un bâton à la main, jeter dehors cette ignoble soldatesque. Mais, d'un côté, la crainte, le manque de cœur et d'énergie, de l'autre, l'aplomb que donne une arme et la presque certitude de l'impunité, faisaient que le paysan s'exécutait toujours.

A combien de lâchetés et d'ignominies de toutes sortes cette effroyable guerre n'a-t-elle pas donné lieu! Et cependant on ose t'en faire une auréole illuminant ta défaite; oh! ma patrie!

Agonisante, on te flatte encore; égorgée, étendue sur l'arène, on te cache la vérité, on te trompe. Quel sot orgueil! On ne veut pas avouer ta défaite, on a toujours sous la main une raison quelconque pour caresser ton amour-propre. Il faut croire que la honte d'une défaite semblable à la nôtre est bien lourde à porter pour qu'on cherche tant à t'illusionner. Même à tes oreilles, on murmure le mot de revanche; hélas! si bas que nous sommes, c'est aspirer bien haut. La génération future, peut-être. La génération qui a vu... jamais.

L'armée, voulant couvrir Bourges, avait cessé de fuir. Ralliant tous ses soldats épars, elle prend position à quelques lieues en avant de la ville et son front se développe sur une ligne brisée des Aix à Allouis.

Le 18e corps formait l'aile droite; ses divisions sont

5

ainsi réparties : aux Aix, la division de cavalerie ; à
l'Escharvin, la 3ᵉ division ; à Saint-Georges, la 2ᵉ ; à
Fussy, la 1ʳᵉ avec l'artillerie de réserve. Au centre, le
15ᵉ corps avait pris position à Allogny, et le 20ᵉ corps,
formant l'aile gauche, s'échelonnait à Allouis. La division
de cavalerie du 18ᵉ corps envoyait ses reconnaissances jusqu'à Henrichemont.

La vieille cité tremblait. Depuis César elle n'avait
pas vu la fumée d'un camp ennemi. Comme alors,
allait-elle devenir la proie d'un vainqueur insatiable ?
Ses rues, où l'herbe croissait, silencieuses hier, reten-
tissent maintenant sous le canon. Elle a peur.

Tranquillise-toi, les mânes de tes premiers vain-
queurs, troublés dans leur sommeil, n'applaudiront
pas à ta nouvelle défaite. Chanzy, Bourbaki entraîneront
l'ennemi après eux, et cette fois tu ne seras pas
souillée.

Les journées des 13, 14, 15 et 16 se passent dans
ces positions. L'armée se refait un peu, et met à profit
ces quelques jours pour se réorganiser. Elle en a tant
besoin! Les généraux tiennent des conseils de guerre
et le ministre de la guerre fait quelques promotions de
faveur.

Le bataillon reçoit du dépôt cent cinquante vareuses
et autant de pantalons, quatorze hâvre-sacs par compagnie, le complément de ce qui nous manquait, et
des guêtres en cuir pour tout son effectif. Ces guêtres,
établies dans de mauvaises conditions, ne résisteront
pas. Bonnes tout au plus à porter dans les garnisons,
elles seront mises immédiatement hors de service.
L'envoi fut accueilli avec plaisir. Les pantalons, les
vareuses, les hâvre-sacs furent remis aux hommes qui

nous avaient rejoints ou qui ne s'étaient pas trouvés à la distribution faite à Gien.

Ce sera là le dernier envoi du dépôt. Désormais nous n'aurons plus à compter que sur nous-mêmes. Toutefois, nous aurons encore de ses nouvelles. M. le lieutenant Main sera chargé de nous amener plus tard un détachement. Mais le froid, la neige, et... l'approche de l'ennemi, pour ne pas dire autre chose, l'arrêteront à Auxonne. Il remettra son détachement au premier officier du bataillon qu'il rencontrera n'importe où, à deux étapes en arrière, il n'y regardera pas de si près, et, content d'avoir si bien rempli sa mission, il reviendra à la hâte sur ses pas. On est si bien à Montluçon, la vie y sera, cet hiver, calme et douce, tandis que là-bas on y souffrira tant.

Je ne saurais trop flétrir la conduite de cet oficier.

Le 17, les conseils de guerre sont terminés, le plan de campagne définitivement arrêté. Ce ne fut pas, a-t-on dit, sans tiraillement. Chacun des corps prit ce jour-là la route de la Suisse.

Le bataillon commence sa voie douloureuse par le Préau. Il y arrive à cinq heures du soir, y séjourne et s'y trouve très-bien. Que de fois, alors qu'il grelottait dans la neige, que tout lui manquait, qu'il était obligé de faire fondre de la neige ou pour boire ou pour faire sa soupe, n'a-t-il pas reporté ses pensées sur cette halte d'un jour, où l'accueil fut si cordial. Quiconque eut entendu ces hommes parler du Préau s'y fut cru transporté. Mais triste était la réalité.

Je ne crois pas qu'un seul homme s'y soit mal conduit. Si quelqu'un d'eux cependant avait laissé des traces peu dignes de son passage, j'ai l'honneur de prier le châtelain de ne plus s'en souvenir, et d'accepter les regrets de tous.

Le 19, nous nous remettons en route et nous bivouaquons à Solérieux. Le 20, nous nous arrêtons à Saint-Martin-des-Champs, et le 21 nous traversons la Loire sur le pont de la Charité, pour aller bivouaquer à Mesves.

Les canons ont déjà bien des fois retenti sur ce vieux pont, surtout pendant les guerres de religion. C'était auquel des deux partis y arriverait le premier. En 1815, l'ennemi tenait la tête, les brigands de la Loire étaient au-delà, il était neutre. Les Prussiens l'ont-ils franchi cette fois ? Je ne le crois pas.

Dans la nuit du 21, un homme du bataillon meurt de froid ; ce ne sera pas le dernier.

Revenant sur ses pas, le bataillon bivouaque le 22 près de la gare de la Charité, en attendant son tour d'embarquement. Le chemin de fer est chargé de transporter le 18e corps à Chagny. Huit jours entiers suffirent à peine à cette opération, et pourtant il s'agissait de gagner l'ennemi de vitesse.

Etait-il donc si nécessaire de transporter toute une division de cavalerie ? Quels services a-t-elle rendus ou pouvait-elle rendre dans un pays difficile et montueux, déjà visité par un ennemi auquel les réquisitions ne coûtent guère ? Les voies ferrées seront coupées, si elles ne le sont déjà ; les routes disparaissent sous la neige et leurs pentes ne seront gravies qu'avec des difficultés inouïes, à cause de l'épaisse couche de verglas qui les recouvre. Nos chevaux d'artillerie tomberont bientôt par centaines, épuisés de travail et mourant de faim, et vous vous faites suivre par 1,500 chevaux auxquels vous ne saurez plus demain quelle nourriture donner. Quelques jours encore, et chaque bivouac sera marqué par des cadavres de chevaux que les loups déchiqueteront quand l'homme en aura eu pris sa part. Ce sera votre faute.

Partout où nous vîmes passer ces cavaliers, les quatre cinquièmes étaient à pied soutenant par la bride leurs chevaux efflanqués et fourbus. Amère dérision! Nous voulions vaincre et partout nous suivions les routes de la défaite. Qui donc nous avait aveuglés à ce point?

D'après l'ordre qui me fut transmis dans la nuit du 21, à une heure du matin, les trains devaient se succéder de quart d'heure en quart d'heure, et l'armée entière arriver par suite en quarante-huit heures à Chagny.

Une chose que chacun de nous a pu remarquer dans cette campagne, c'est que les ordres de mouvement, partis des quartiers généraux dans la soirée, ne nous arrivaient jamais qu'à une heure assez avancée de la nuit, souvent au moment fixé pour le départ et quelques fois après. De plus, la rédaction de ces ordres laissait beaucoup à désirer sous le rapport de la clarté. Pauvre état-major !

Si nous avions pu gagner Chagny en quarante-huit heures, nous étions, selon toute probabilité, en mesure de débloquer Belfort. Les lignes qui masquaient cette place n'eussent pas été prêtes; nous tombions au milieu des Prussiens décousus, nul doute que nous eussions pu leur faire beaucoup de mal. Dans cette hypothèse l'issue de la campagne pouvait changer, du moins nous évitions la Suisse.

Belfort débloqué, nous ne pouvions pas nous appuyer sur cette place pour manœuvrer; elle n'avait à nous offrir ni vivres ni munitions et nous subissions forcément le sort de l'armée de Metz.

Marcher sur Vesoul et Langres, nous laissions Werder manœuvrer tout à son aise sur nos derrières et même sur notre droite, tandis que le prince Charles nous attaquait de front et que Manteufeld tournait notre gauche. C'était renouveler probablement Sedan.

Nous enfoncer, à la suite de Werder, entre les Vosges et le Rhin, c'était hâter notre destruction. Nous jeter dans les Vosges, en pivotant sur Langres, c'était vouloir y mourir de faim, et abandonner nos canons faute de munitions.

Appuyer à gauche, gagner Dijon et faire notre jonction avec Garibaldi, était le plus sage parti. Il est vrai que tout le bénéfice de notre marche sur Belfort eut été perdu. Néanmoins, c'est là ce que les Prussiens redoutaient le plus de nous voir faire, et avec juste raison.

Après notre échec devant Chagny, il était temps encore, mais....

Nous devions nous embarquer le 22, à dix heures du matin; le 22 et le 23 nous bivouaquons autour de la gare par 14 degrés de froid. Enfin, le 24, à midi, un train nous emporte et nous vomit à deux heures de la nuit à Chagny.

Il m'est impossible de dire combien les hommes eurent à souffrir du froid durant cette nuit du 24 au 25. Entassés dans des wagons à bœufs et à marchandises, ouverts à tous les vents, nous crûmes qu'une partie serait gelée en arrivant. Heureusement il n'en fut rien.

A Chagny, on nous distribue des vivres. Un ordre prescrivait de donner une ration de vin aux troupes à leur descente du chemin de fer, il n'y en a pas. Je fais faire le café sur place et à six heures du matin nous nous dirigeons sur Demigny.

A Demigny, nous remplaçons, par ordre du général de division, une compagnie de francs-tireurs préposée à la garde de plusieurs petits ponts, sur la route de Verdun à Beaune. Comme il faisait très-froid, et que la terre était couverte d'une épaisse couche de neige, cette compagnie avait jugé à propos de donner une soirée et d'y faire de la musique. Le bataillon, comprenant mieux son devoir, se contenta de garder les ponts.

Le 26, nous nous mettons en route pour Saint-Loup-de-la-Salle, et nous y restons cantonnés le 27.

Le 28, nous partons de Saint-Loup à onze heures et nous allons bivouaquer au Boudamont. Le 29, nous couchons à Ecuelles; le 30, à Charrey. Le 31 décembre et le 1er janvier, nous restons cantonnés à Trouhans, Lérey et Soissons.

Hélas! la nouvelle année ne se montrera pas plus favorable que celle qui finit; elle nous sera plus fatale encore. 1870 avait vu Napoléon déposer son épée aux pieds de Guillaume de Prusse; 1871 verra la France, humiliée au-delà de toute expression, courber la tête à son tour devant son vainqueur et lui remettre aussi une épée qu'elle ne peut plus tenir. 1870 avait éclipsé 1806; Metz et Sedan, ces deux soleils qui rayonneront désormais de tant de splendeur dans l'histoire militaire de l'Allemagne, avaient effacé l'éclat d'Iéna; 1871 dépassera 1815. Waterloo, qui n'avait pas de pendant,

sera surpassé au-delà. Ne serait-ce que le commence-
ment?

Le 2, à trois heures du soir, le bataillon passe, à
Maland, l'Oignon sur la glace et va bivouaquer sur
un plateau en avant de Pesmés. Le 3, il couche à Gy.
Le 4, il bivouaque à Saint-Gand. Le 5, après une marche des plus pénibles à travers des ravins et des bois,
après une heure et demie d'attente au milieu d'une
plaine neigeuse, nue et que balaye un vent glacial, nous
arrivons, à neuf heures du soir, à Rozey.

D'après les ordres du général de division, une partie
de la division passera la nuit chez l'habitant, car demain on doit attaquer à la pointe du jour.

Les quartiers sont désignés aux compagnies, et
chaque homme se hâte de choisir dans les écuries,
dans les granges, dans les greniers la place qu'il occu-
pera pendant la nuit. Partout on s'empresse, tant la
fatigue est grande.

Des hommes, quelques-uns font la soupe, le plus
grand nombre se contente de ronger un morceau de
biscuit la remettant au lendemain, tellement le besoin
de sommeil se fait sentir. Quelle bonne nuit chacun
s'apprête à passer. Il est dix heures.

A onze heures, alors que les hommes commencent à
reposer, on m'apporte l'ordre de faire prendre immédiatement les armes. Que se passe-t-il donc?

Nous devions, comme je l'ai dit plus haut, attaquer
les Prussiens à l'aube. Les premiers coups devaient
partir de Velle-Châtel, joli petit village étagé et
groupé, à 4 kilomètres de Rozey, sur le revers occi-
dental d'un plateau, notre objectif du lendemain.

Le maire, d'après des renseignements très-exacts,

avait fait prévenir le général que quatre cents Prussiens avaient été poussés en grand'garde jusqu'à environ trois cents mètres en arrière des crêtes, et que le
gros de la troupe, quinze cents hommes à peu près,
était cantonnné à 1,500 mètres plus en arrière, dans
le village de Mont-le-Vernois. —

Le 4e régiment de zouaves, qui faisait brigade avec
nous, devait déboucher directement sur le plateau, par
la route de Beigues. Aussi, avait-il poussé sa grand'-
garde jusqu'aux premières maisons de droite du village
en occupant les crêtes de son côté.

Dans cette position, les Prussiens et les zouaves se
faisaient face à environ 600 mètres les uns des autres,
masqués par les maisons semées sur les pentes, en
sorte que, en supposant que le village ne fût pas occupé, les Prussiens ou les zouaves pouvaient parfaitement y descendre sans être aperçus ni des uns ni des
autres.

Dans l'esprit du général de division, ce village devait
être occupé par un détachement de notre armée, avant
l'arrivée de sa division à Rozey. De là l'erreur qui faillit
nous être si funeste. Quand donc serons-nous mieux
renseignés ? Quand donc ceux qui sont chargés de nous
éclairer comprendront-ils mieux toute l'importance de
leur mission ?

Il y avait cependant, à très peu de distance de là,
tout au plus un kilomètre, dans le petit village de
de Clans, à gauche, et sur le plateau opposé, notre
division de cavalerie. Comme elle dormait tranquille !
ainsi que nous le verrons tout à l'heure.

Afin de commencer l'attaque à la première heure, et
d'éviter les retards que font subir forcément à l'artille-

rie, dans sa marche, des chemins couverts d'une épaisse couche de neige, le général envoie l'ordre au chef d'escadron qui commandait l'artillerie de la division, de diriger immédiatement sur Vel-le-Châtel une batterie de quatre et une batterie de mitrailleuses. Jusque-là tout est bien.

Avant de mettre ses deux batteries en mouvement, le chef d'escadron demande une escorte. Lui, du moins, sait que son artillerie en campagne, à plus forte raison sous les yeux de l'ennemi, ne doit pas se déplacer sans une escorte suffisante. — Le village est occupé par nos troupes, la route est sûre, vous n'avez pas besoin d'escorte lui dit-on. — Mais les Prussiens, d'après les renseignements qui vous ont été transmis ne sont qu'à trois ou quatre cents mètres du village, — vous n'avez rien à craindre de leur part; ce ne sont que quelques petits postes avancés de leurs grand'gardes — mais... — rien. — L'ordre est ainsi, il faut l'exécuter. L'état-major sait ce qu'il fait, ce qu'il dit. Il est responsable. S'il pouvait solder toutes les sottises qu'il a faites, quel compte !

Les deux batteries partent. En tête, un chef de bataillon de zouaves, le 1er par ancienneté, commandant la brigade par intérim, le capitaine commandant les deux batteries, et le médecin-major du régiment de zouaves.

Quelques instants auparavant, M. de Neuflize, lieutenant au bataillon, mais attaché comme officier d'ordonnance à l'état-major de la brigade, partait au galop porteur d'un ordre pour Velle-Châtel, accompagné seulement de son cavalier.

En arrivant au village, il aperçoit une lumière, se

dirige droit sur la maison, afin d'y prendre des renseignements; c'était un poste prussien. En moins de
temps qu'il n'en faut pour l'écrire, M. de Neuflize et
son ordonnance sont faits prisonniers et envoyés plus
tard en Allemagne expier les erreurs des autres.

Pendant ce temps l'artillerie s'avançait. A trois cents
mètres environ avant d'arriver au village, elle est ac-
cueillie par un feu de mousqueterie très vif. Surprise,
la colonne s'arrête. De nouvelles décharges succèdent
à la première. On veut faire demi-tour, la route est
étroite et en remblai ; la nuit est noire, deux pièces
sont renversées dans les bas côtés. Les décharges
continuent dans l'obscurité; on veut mettre une mitrailleuse en batterie, les artilleurs surpris se sauvent.
Après des efforts prodigieux, le capitaine commandant,
le lieutenant et un maréchal-des-logis parviennent à
mettre la mitrailleuse en batterie. Trois volées de balles
envoyées à la hâte sur le village font taire les Prussiens.
On profite de ce répit pour se retirer; mais on abandonne les deux pièces dans les bas côtés de la route.

Une des compagnies de zouaves de soutien, en observation sur les pentes de droite, entendant la fusillade, accourt au feu. Les postes prussiens remontent
alors, poussés l'épée dans les reins et disparaissent
derrière le rideau de leurs grand'gardes. C'est à l'in-
tervention de cette compagnie et aussi à l'ignorance
des Prussiens de ce qui était arrivé, que nous dûmes
la conservation de nos deux pièces.

Les Prussiens, dans cette circonstance, firent une
faute très grande. A la façon dont M. de Neuflize avait
été pris, ils devaient soupçonner qu'il y avait là quelque
chose d'insolite.

Leur grand'garde prévenue de suite devait leur envoyer quelques renforts, et il est probable, sinon presque certain, qu'attendant nos batteries postées dans l'ombre et sans tirer un seul coup de feu, ils s'en emparaient sans coup férir. Les zouaves descendant du plateau les eussent-ils reprises ? Telle est la question ?

Le chef d'escadron avait bien raison d'exiger une escorte, et l'état-major le plus grand tort de la refuser.

Un officier d'artillerie détaché de la colonne, arrive à Rosey, et rend compte au général de ce qui vient de se passer.

Le général ne veut rien croire. « Ce sont nos troupes qui ont tiré sur vous. » Vainement l'officier cherche à le dissuader. Le général persiste. L'état-major l'a dit. « Dites à votre capitaine de retourner, c'est une erreur, et je ne comprends pas que personne d'entre vous n'ait eu l'idée de pousser jusqu'au village.

L'idée, effectivement, eut été très-heureuse; M. de Neuflize aurait eu, du moins pour le moment, un compagnon de captivité.

De guerre lasse, l'officier se retirait, quand le docteur, par une illumination soudaine, envoie au général une balle qu'il vient d'extraire de la blessure d'un artilleur. Devant l'évidence, le général reste confondu. Un entêtement, un oubli des règles de la plus simple prudence ont failli nous coûter deux batteries. A la guerre, on l'a dit, il n'y a pas de petites fautes. Le moindre échec, dans des conditions données, amène un désastre. Wœrth est né de Wissembourg.

La colonne est formée; le bataillon prend la tête; on part. Dans la neige, on avance lentement. On prend des précautions inaccoutumées. La nuit maintenant est claire; si la lune nous favorise, elle favorise aussi l'ennemi. L'artillerie a suivi sans escorte le chemin que suivent actuellement 3,000 hommes, qu'importe, il faut se couvrir. A quoi servirait l'expérience? A quoi serviraient les règlements? Il est vrai que tout-à-l'heure on ne s'en inquiétait guère.

A gauche, à cent mètres de la route, la forêt si serrée, si épaisse, qu'au dire du guide, les fauves peuvent à peine y passer. Il faut la fouiller; des tirailleurs y pénètrent, s'enfoncent dans la neige jusqu'à la ceinture ou disparaissent dans des fondrières. La colonne marche toujours. Au bout d'une demi-heure les flanqueurs sont à mille mètres en arrière. Quel résultat pour tant de fatigues.

A droite, la plaine blanche et vierge, pas un point noir ne la souille; pas le moindre buisson qui puisse abriter le moindre prussien; à cinq cents mètres, la rivière qui descend parallèlement à notre droite; au-delà, les zouaves. Qu'importe, il faut couvrir notre flanc droit. Allez, les tirailleurs. Vous êtes fatigués, éreintés, il y a par endroit soixante centimètres de neige, plus ce qu'elle peut couvrir, et que vous ne voyez pas, allez. Il y a deux heures, deux batteries d'artillerie suivaient sans escorte la même route que vous suivez maintenant; vous êtes trois mille, vous avez une avant-garde, une extrême avant-garde, il faut couvrir votre flanc droit; c'est écrit dans la théorie. Le chef d'état-major de la division commandait en personne; un capitaine échappé de Metz, je crois, créé chef d'escadrons.

Enfin, la tête de colonne arrive à l'endroit où l'artillerie a fait demi-tour; les pièces y sont encore, on les relève. Pendant ce temps, l'avant-garde fouille le village.

La tête du bataillon était arrêtée à hauteur du nœud de jonction d'une route tombant perpendiculairement sur notre flanc gauche, avec celle que nous suivions. Cette route était-elle couverte par des postes ou fouillée par des patrouilles? Nous ne le savions pas. Je demande au commandant du régiment l'autorisation de la suivre pendant quelques centaines de mètres. Je parcours, au trop de mon cheval, environ quatre cents mètres. A gauche, je trouve un pont; au-dessous, la voie ferrée à huit ou dix mètres autant que je pus en juger. Je tourne à gauche et je passe le pont au pas, sondant la plaine du regard, interrogeant chaque buisson des yeux; rien d'anormal, nulle part aucun signe de vie. J'avance toujours au pas, je trouve un village, j'y entre. C'était Clans. Au milieu, sur la place, des chevaux sont attachés à la corde et au piquet. Sont-ce les Prussiens? Je suis pris. Les Prussiens se gardent, les Français ne se gardent pas. C'était la division de cavalerie du 18e corps.

Pourquoi ces inconséquences dans la même armée? Ici on se garde à l'excès, on exagère les précautions, on est ridicule, inhumain même; c'est qu'on vient d'être surpris. Là, au contraire, tout dort; chevaux, cavaliers et officiers. La garde, au lieu de veiller, dort également, moins la lampe que le vent, qui passe à travers la porte entrebaîllée, agite convulsivement; on n'a pas encore été surpris.

Nulle part de juste mesure, partout l'exagération. On procède par à-coup, tantôt trop, jamais assez, rarement avec intelligence. Une patrouille prussienne, pénétrant sournoisement dans ce village, coupant les cordes, effrayant les chevaux en allumant les fourrages ou en tirant des coups de feu, jetait certainement le plus grand désordre dans cette division.

En quittant le village, je réveillai la garde.

A ma rentrée, je rendis compte de ce que j'avais vu. J'avais été dix minutes absent.

La colonne, au bout de quelque temps, se remet en marche ; les Prussiens, après ce coup de main incomplètement réussi, avaient évacué le village. On arrive ; on s'arrête ; on bivouaque dans les rues ; partout les feux s'allument. Si l'attaque doit commencer avec le jour, les hommes du moins pourront-ils se reposer.

Un ordre arrive. Les feux s'éteignent ; on charge les sacs ; on se forme en silence. Officiers et soldats se demandent à voix basse ce qu'il y a. Va-t-on attaquer immédiatement ? Tant mieux, on battra la charge au clair de la lune.

Le commandant de l'expédition m'avait fait appeler Je reçois ses ordres et je reviens prendre la tête de la colonne. Nous gravissons lentement les pentes, et nous tournons à droite.

L'artillerie s'ébranle à son tour. Les attelages s'épuisent à pincer la terre sur ces rampes gelées et recouvertes de glace ; mais la terre se dérobe à chaque pas sous leurs pieds. On pousse aux roues, et les artilleurs enfoncent leurs éperons dans le ventre de leur porteur. Pas un mot dans la colonne ; on grince silencieusement des dents.

A trois cents mètres des dernières maisons du village, un brusque qui vive se fait entendre, c'est la sentinelle avancée du poste des zouaves. On se reconnaît. Vous battez en retraite ? me demande l'officier. Hélas ! oui. C'est impossible.

Par suite de nouveaux renseignements, le général avait envoyé l'ordre de rebrousser chemin. Depuis la veille au soir, les Prussiens avaient reçu de nombreux renforts.

Pendant que je me faisais reconnaître, et que j'engageais la colonne dans la direction que l'état-major m'avait indiquée, un contre-ordre arrivait à la gauche.

La queue de la colonne, qui n'avait pas encore gravi les pentes, fait demi-tour et prend une autre route, en sorte que tête et queue suivaient deux routes différentes, toutes les deux parallèles, débouchant au même point, mais séparées par une rivière. La tête se prolongeait sur la rive gauche et la queue sur la rive droite. Si les Prussiens nous avaient surpris dans cet étrange mouvement, je doute fort que nous eussions réussi à les maintenir; heureusement qu'il ne leur vint pas à l'esprit de croire à tant de légèreté! Enfin, sur un avis parvenu, le bataillon fait face en arrière, redescend les pentes qu'il vient de gravir si péniblement, et force le pas pour reprendre la tête de la colonne. Tel est l'ordre. Eut-il donc été si mal placé à l'arrière-garde? Toujours le même système.

Il est quatre heures du matin; la colonne marche sur Beignes, le dépasse et s'engage sur la route de Rozey. Déjà nous touchons aux premières maisons du village. Appuyez à gauche.

Personne au monde ne peut s'imaginer ce qu'il y a tout à la fois d'agaçant et d'énervant dans ces trois mots-là, pour une colonne d'infanterie qui chemine déjà si péniblement. Appuyez à gauche, chacun tourne machinalement la tête, les yeux pleins de sourde co-

lère et les lèvres convulsivement serrées et appuie
lentement du côté indiqué.

Est-il quelqu'un, dans une colonne d'infanterie, à
qui, en entendant arriver à lui ces trois mots, la pen-
sée ne soit pas venue d'éventrer le cheval ou de jeter
bas le cavalier qui passe, et dont l'air, souvent dédai-
gneux, irrite et exaspère? Je ne le crois pas.

Appuyez à gauche. Encore, murmure sourdement
et la rage au cœur l'homme qui ne se dérange qu'à
l'instant où les naseaux du cheval lui soufflent dans la
figure.

C'est un capitaine d'état-major; c'est un lieutenant
d'état-major qui veut passer. Il s'est levé trop tard, il
a déjeûné plus longuement qu'à l'ordinaire, il doit
arriver avant la colonne pour lui choisir et préparer
son campement; il est en retard : Appuyez-donc à
gauche. Vous n'en coucherez pas moins ce soir où
vous pourrez et comme vous pourrez.

C'est la voiture du sous-intendant. Si vous voulez
manger ce soir, laissez-la passer. Comme il se dorlotte,
M. le sous-intendant, mollement étendu dans sa calè-
che attelée de deux chevaux, et les pieds perdus dans
ses couvertures. Vous croyez qu'en arrivant il s'occu-
pera des vivres, il laissera ce soin à son sous-verge,
l'officier d'administration, lui, il se couchera. Heureux
encore si le sous-verge n'imite pas le maître.

Appuyez à gauche. Encore. C'est un cavalier d'escorte qui s'est arrêté dans une maison pour se rafraî-
chir; il fait si chaud. C'est un gendarme que son
brigadier envoie à la recherche d'une écurie pour eux
deux.

Et personne ne songeait à arrêter ces criants abus.

7

Les règlements sont précis à cet égard, mais les généraux ne s'en apercevaient pas, ou plutôt ne voulaient
pas s'en apercevoir. Quel laisser-aller.

C'était un ordre qui m'arrivait; la colonne devait
retourner à Baignes. Le désespoir dans l'âme, je commande demi-tour. Un mouvement d'hésitation se
manifeste dans le bataillon, néanmoins il fait silencieusement demi-tour, et se remet en marche sur
Baignes où il arrive en dormant.

Par ordre du général, une double ration de vin est
accordée à chaque homme. Les officiers chargés de
présider à cette distribution y volent plutôt qu'ils n'y
courent, tant les hommes en ont un pressant besoin.
C'est un leurre : l'intendance croyait en avoir; encore
on cherche dans tout le village, il n'y en a plus.

Déjà les faisceaux sont formés; déjà la neige est
balayée et les feux allumés de toutes parts. Chacun se
hâte de préparer au moins un peu de café. Tel est
également l'ordre du général.

Un mouvement se manifeste dans le village; des
cris se font entendre; sac au dos. Est-ce l'ennemi qui
nous arrive? Il faut retourner à Rozey. Il y a deux
heures, la tête de colonne y touchait, elle est reve-
nue sur Baignes, maintenant il faut y retourner.

Nulle dans ses résultats au point de vue pratique,
cette reconnaissance ne servit qu'à fatiguer outre
mesure nos malheureux soldats déjà si épuisés et à
donner aux plus intelligents la juste mesure de la
capacité militaire de ceux qui commandaient.

La colonne rejoignit Rozey à huit heures du matin.
A midi, des hommes rentraient encore par groupes
isolés.

Il fallait un rapport au commandant du 18e corps. On en fit un. C'était un ambitieux qui avait dirigé, du moins en partie, cette promenade nocturne; il voulut en profiter.

Donc, le rapport fut... ou plutôt, pour employer des termes consacrés, on se fit mousser. Il y avait bien de quoi !

Elevés pour la plupart en Afrique, cette école des faux rapports ou des rapports hyperboliques, nos généraux ou nos chefs de colonne n'y regardaient pas de si près; on y était habitué. On savait d'avance ce qu'ils voulaient dire. C'était de la fumée pour la nation, une croix ou un grade pour le chef de l'expédition.

Quel. son fêlé rendaient toutes ces croix ! Comme ils trompaient étrangement l'opinion tous ces grades !

Les Prussiens avaient réussi, sans combat, sans coup férir, à nous barrer la route. Nous en verrons bien d'autres. Conduits par des pygmées, que pouvions-nous faire contre les maîtres de la stratégie.

A deux heures nous reprenons les armes; nous nous dirigeons sur Maillet où nous arrivons à cinq heures du soir.

A notre départ, le chef du 18e corps était sur le perron du presbytère, regardant passer ses colonnes. C'était une contre-marche. Le soir même les Prussiens étaient à Rozey.

En arrivant à Maillet, le bataillon reçoit l'ordre de prendre la grand'garde et d'aller relever, dans les positions qu'il occupe, un bataillon de chasseurs aux ordres de M. le commandant de Boisfleury, nommé la veille lieutenant-colonel au 4e régiment de zouaves de marche.

Deux compagnies sont abritées dans de misérables
cahutes; deux autres sont bivouaquées à mi-pente des
plateaux qui dominent Maillet au sud-est, et les trois
dernières sont échelonnées, par escouades, sur les
plateaux pour surveiller les ravins.

Sur ces plateaux, couverts de neige, le vent souffle
avec une violence telle qu'il produit, sur les mains,
sur le visage, l'effet de mille coups d'épingles. Le froid
compte 14 degrés. Les différentes fractions du bataillon se relèveront de six heures en six heures.

Tout le 18e corps est en position de combat autour
de Maillet. La journée du 7 se passe ainsi. Les Prussiens voulaient gagner du temps, ils réussissaient à
merveille.

Le 8, pas de vivres. Je découvre chez un cultivateur
une assez grande quantité de pommes de terre; je les
fais acheter au prix de deux francs le boisseau, et elles
sont distribuées à raison d'un double-décalitre par
escouade.

A neuf heures, la division se met en route pour
Loulans. Sur les réclamations du chef de bataillon,
présentées par le commandant du régiment, le général
de division ordonne de cantonner, à notre arrivée, les
hommes dans les maisons. La colonne arrive; Loulans
est occupé par quinze mille hommes d'un autre corps.
Notre état-major n'en savait rien.

Le général avait donné l'ordre de faire faire les distributions à notre arrivée. On cherche partout le convoi
de la division, on ne le trouve pas; on cherche partout
l'intendance, on ne la trouve pas. Ainsi, pas de cantonnement, et nos hommes tombent de fatigue; pas
de vivres, et nos hommes ont faim.

Tout en suivant, muets et pensifs, la route qui traverse les champs où nous allons bivouaquer, nous rencontrons un convoi d'où s'exhale cette odeur, bien vite
reconnue, surtout par ceux qui ont faim. Il appartient
à la division de cavalerie de notre corps.

Sans escorte, sans commis d'intendance, sans chef-
conducteur, sans brigadiers-convoyeurs, son sort est
facile à prévoir. La faim est une mauvaise conseillère,
et la cavalerie n'est pas là.

Les trois chefs de bataillon se réunissent, et, plutôt
que de laisser les hommes succomber à la tentation,
préfèrent, sur des bons réguliers signés d'eux et
remis aux conducteurs des voitures, faire délivrer à
leurs hommes du pain pour deux jours. Ce pain fut
accueilli comme une faveur du Ciel.

Deux bœufs, que j'avais requis à Maillet, furent
abattus, et les hommes, du moins, purent préparer leur
soupe pour le lendemain, avant de se remettre en
route, car, comme l'homme de la légende, nous marchions toujours.

Dans la nuit, le convoi fut pillé par deux régiments
de marche. Ce n'était pas certainement le besoin qui
les conduisit à cette mauvaise action, ils vendirent ce
pain en grande partie aux hommes de nos bataillons.

Que chacun fasse à propos de tous ces faits les
réflexions qu'il jugera convenables, d'avance nous le
prévenons qu'il ne saurait aller trop loin.

Le 9, nous arrivons à Epresle à six heures du soir.
Le canon grondait en avant de nous, et le vent nous
apportait la fumée du combat ; c'était la journée de
Villersexel. Nos deux premières divisions étaient
engagées, notre tour approchait.

Le bataillon, en arrivant au village, tremblait de froid, et quelques-uns un peu d'autre chose. Sur l'emplacement qu'on avait affecté à notre bivouac, un uhlan gisait à côté de son cheval, qu'un éclat d'obus avait frappé. Les hommes le considérèrent longtemps. Pour la première fois, ils se trouvaient en face d'une des victimes de la guerre.

La matinée du 10 septembre se passe en position à Epresle. A 3 heures, l'ordre arrive de diriger la division sur Villersexel. Le bataillon chargé d'escorter l'artillerie de la brigade, prendra par une autre route. A cinq heures du soir, nous nous mettons en mouvement. Les chevaux, qui ne sont pas ferrés à glace, ne peuvent se tenir sur ces routes couvertes de verglas et unies comme une glace de Venise. A chaque pas ils tombent, on les relève, ils retombent encore. Au moindre pli de terrain, à la moindre ondulation, il faut doubler, tripler les attelages. On pousse aux roues, on crie, on peste, on rage, on pleure, mais on n'avance pas. On détèle les chevaux qui tombent épuisés de faim, de misère et de travail, on les jette hors de la route, et on les remplace par quelques chevaux de rechange qui restent encore. Aux claquements des fouets, à la voix des conducteurs qui excitent ceux qui restent, ces misérables bêtes, couchées dans la neige, soulèvent une dernière fois la tête et semblent vouloir faire un dernier effort Leurs membres se tendent, se raidissent, comme si elles voulaient tirer encore; c'est en vain, la tête retombe, l'œil morne, abattu, elles meurent.

Il est deux heures quand le bataillon arrive à Villersexel. Quelle horrible nuit! Nous avions mis neuf heures pour faire un peu moins de huit kilomètres.

En arrivant, je me rends au quartier général pour prendre des ordres. Les cuisiniers me reçoivent. En me voyant couvert de glaçons, les lèvres gelées et pouvant à peine articuler une parole, ils ont pitié de moi ; pour la première fois, cette valetaille se dérange et se met à ma disposition. Je demande le chef d'état-major. On me conduit près d'un sergent secrétaire ; il dort, on veut l'éveiller, il est ivre. Je monte chez le chef d'état-major, il dort profondément. Je l'éveille, à chaque question il ne me répond que par monosyllabes. Rebuté et désespéré de tant d'insouciance, je retourne à ce pauvre bataillon qui grelottait sous la bise, et je le fais bivouaquer dans une des rues de Villersexel. Le bois, cette nuit là, ne manqua pas, une partie de la ville brûlait.

A peine étions-nous installés, que la tête de la division débouchait par le pont. Partie à minuit, elle arrivait comme nous à deux heures, comme nous, elle n'avait que huit kilomètres à faire.

Villersexel ! Que ceux qui n'ont pas fait la guerre, que ceux qui n'en ont pas vu les horreurs, demandent à leurs fils, à leurs maris ce qu'ils en pensent. Que le midi, qui voulait continuer la lutte à outrance, demande au nord ce qu'il en est. Le tableau était complet, je vous assure, rien n'y manquait ; jusqu'aux cadavres pétillant dans les brasiers, et les blessés se tordant sous les décombres.

Du château de M. le comte de Grammont, il n'en restait pas même tous les murs. Jamais il n'oubliera, je crois, le spectacle que son château lui offrit quand il y vint le surlendemain. Vous aviez raison, Monsieur le comte de vous découvrir devant tant de ruines ! Comme vous, je me suis découvert, et peut-être aussi, comme vous, je sentais les larmes me brûler les paupières.

Le 11, à neuf heures du matin, le bataillon occupe Villerville, village situé à deux kilomètres environ sur la droite de Villersexel. Il se met en position sur un plateau, et se tient prêt à combattre. Le 12, il reste en position.

Le 13, il se met en marche pour une destination inconnue. A huit kilomètres de Villerville, un artilleur signale, en arrière, sur notre flanc gauche et à hauteur du village que nous venons de quitter, une batterie prussienne qui vient de se mettre en position de combat. Les Prussiens trouvaient probablement que nous allions encore trop vite. Ni Manteufeld, ni le prince de Prusse ne nous menaçaient encore, il fallait ralentir notre marche. La brigade fait immédiatement demi-tour et vient s'établir en bataille sur deux lignes, sa gauche appuyée aux pentes de Villerville. Le village est occupé par un régiment de marche. L'artillerie se met en batterie en avant des intervalles.

On envoie des reconnaissances dans la direction indiquée. A leur retour, et d'après les renseignements qu'elles donnent, la brigade retourne bivouaquer à Villerville, prête à tout événement. Le bataillon reste en grand'garde sur les pentes orientales du village.

Les Prussiens, que les journaux avaient écrasés à Villersexel, tout en reculant de poste en poste, comme Napoléon à Austerlitz, pour nous amener sur les positions qu'ils avaient si bien choisies et encore mieux défendues, surveillaient et inquiétaient constamment notre flanc gauche.

Hélas ! nos généraux aveuglés par cette retraite

tantôt précipitée, tantôt lente des Prussiens étaient
fatalement entraînés. Ils ressemblaient à ce voyageur
égaré, perdu dans les sables, courant de mirage en
mirage après la réalité, sans s'apercevoir qu'il n'en
poursuit que l'ombre. Deux jours encore et leurs yeux
s'ouvriront.

Le 14, le bataillon quitte Villerville à dix heures du
matin, et se dirige sur Lomont. La veille, il avait reçu
pour trois jours de vivres. Le pain, devenu de plus en
plus rare, avait été remplacé par du biscuit. Du reste,
à partir de ce moment, le service des vivres, déjà boiteux, trop boiteux, ne sera plus assuré. Le pain dispa-
raîtra complètement; heureux serons – nous encore
quand le biscuit ne manquera pas!

Vers deux heures, avant d'arriver à de grands bois
qui flanquent la route à droite et à gauche, la colonne
s'arrête. Une partie suivra la route, l'autre s'engagera,
avec un guide, à travers bois, dans des chemins non
frayés et où la neige s'élève jusqu'à cinquante centimètres de hauteur.

Le bataillon, qui se trouve encore tête de colonne,
envoie, par ordre, deux compagnies en tirailleurs. La
compagnie de droite maintiendra la gauche de sa ligne
à hauteur de l'avant-garde du bataillon, et marchera
perpendiculairement en refusant toutefois sa droite. La
compagnie de gauche agira de même, mais elle refu-
sera sa gauche. Le bataillon se met en marche, le reste
de la colonne le suit à cinq cents mètres de distance.

Après deux heures de marche dans ces bois, nous
débouchons sur la route que nous devons suivre. Le
bataillon s'arrête, les flanqueurs ne paraissent pas encore. Au bout de vingt minutes d'attente, les premiers

8

arrivent essoufflés, n'en pouvant plus, et les vêtements plus en lambeaux qu'ils ne l'étaient avant d'entrer sous bois.

Fouiller des bois est toujours, pour ceux qui en sont chargés, une opération très fatigante et souvent dangereuse. Si vous ne pouvez pas pénétrer dans une forêt, pas plus que vous l'ennemi n'y pénétrera. Il n'a pas de grâce d'état; c'est un obstacle matériel aussi infranchissable pour lui que pour vous. Mais quelque fourrés, quelque épais que soient les bois, il y a toujours des sentiers, des chemins et des carrefours; c'est là précisément ce qu'il faut savoir, ce qu'il faut visiter. Vous ne les trouverez pas de vous-même, il vous faut des guides. Quand la direction de ces sentiers, de ces chemins, quand l'emplacement des carrefours et des clairières vous seront connus l'opération sera très-avancée. Des patrouilles peu fortes, commandées par des sous-officiers intelligents ou même par des officiers, accompagnés de guides, suivront les chemins, les sentiers qui peuvent déboucher sur vos flancs, s'enquerront près des guides des points de départ et d'arrivée, sauront si ces chemins ou ces sentiers débouchent dans les terres ou sur des routes, visiteront les carrefours et les clairières, et si rien d'anormal ne se présente, le travail sera terminé. Un corps d'armée, une division, une brigade, un régiment, un bataillon ne se dérobent pas aussi facilement qu'une bête fauve aux yeux de scrutateurs intéressés.

Telles sont, si vous craignez pour vos flancs ou votre tête, une attaque possible, les opérations préliminaires que vous ne pouvez pas, que vous ne devez pas négliger, avant de vous engager dans des bois, surtout s'ils sont étendus. Au besoin, vos patrouilles peuvent occuper les carrefours, la tête des chemins et des sentiers, pendant que vous passerez, et vous rallier après.

Mais vouloir se faire couvrir par une ligne qui marche perpendiculairement ou parallèlement aux flancs des colonnes, c'est non-seulement vouloir s'exposer à être surpris, parce que, au bout de dix minutes, les flanqueurs seront hors de portée des têtes de colonne, mais encore c'est montrer bien peu d'intelligence du métier, et surtout bien peu de sollicitude pour des hommes, dont la fatigue doit toujours entrer en ligne de compte, quand il s'agit de combattre.

Imitons à l'avenir les adversaires que nous avions en face; ils excellent dans cette science. Il y a chez eux des choses que nous ne pouvons pas, que nous ne devons pas prendre, comme il y en a d'autres que nous devons nous approprier coûte que coûte.

Les Prussiens ont pris partout ce qu'il y avait de meilleur, laissant de côté, avec une finesse de tact remarquable, ce qui ne pouvait pas leur convenir. Faisons comme eux.

Pour faire comme eux, il faudrait que nous fussions sérieux; nous ne le sommes guère. Ce que la fortune n'a pas fait, l'adversité pourra le faire.

En France, nous savons tout et nous connaissons tout; rien ne nous manque, et tout ce que nous y avons est meilleur qu'ailleurs. Chacun des autres peuples nous envie, du moins c'est ce qu'on n'avait cessé de nous dire avant la catastrophe, et ce que nous entendons dire encore. Aujourd'hui que nous subissons la peine de notre sot amour-propre, chacun nous contemple, non pas assurément d'un œil d'envie, mais

chacun se demande si la France en sortira. Notre orgueil répond oui. L'Europe regarde et attend. Comme
je l'ai dit plus haut, je ne crois pas que la génération
actuelle soit capable de nous relever. Qu'elle prépare
la voie et qu'elle lègue le reste à la génération future,
c'est tout ce qu'elle peut faire. Heureux si elle le com-
prend!

Les flanqueurs sont enfin rentrés. La colonne prend
une direction à gauche et se remet en marche. Elle
arrive vers six heures dans un petit hameau, la Ver-
genne, au fond d'un entonnoir dont les bords sont
garnis de bois; elle s'y arrête. On forme les faisceaux,
les feux s'allument; on attend des ordres.

L'été, que ce vallon doit être attrayant! Au fond un
ruisseau; sur les pentes assez raides des prairies, des
touffes d'arbres suspendues çà et là; sur la ligne de
crête, ses grands bois. Ses heureux habitants, autant
que nous avons pu en juger, sont d'une complaisance
extrême.

Dans une des maisons où s'étaient réunis les officiers du bataillon, deux grandes jeunes filles, aux yeux
bleus, vinrent leur offrir le riz qu'elles avaient préparé
pour la famille. Nous avions faim, nous l'acceptâmes.
Merci au nom de tous à ces jeunes cœurs.

Pour elles, la patrie était tout. « Plus d'une fois
nous avons pleuré sur nos malheurs, » nous disaient-
elles, et des larmes s'échappaient encore de leurs
grands yeux.

A huit heures, nous nous remettons en route. Nous
traversons Moffans, où bivouaque le 20e corps, et nous
allons nous arrêter à cinq cents mètres en avant, sur
la route que nous devons suivre.

Nous attendons notre deuxième brigade; comme elle ne doit pas tarder, nous nous contentons de former les faisceaux sans allumer de feux. On piétine dans la neige pour s'échauffer.

A neuf heures, les hommes allument des feux. La soupe ne se fera pas, la brigade pouvant arriver d'un moment à l'autre. Chacun se contente alors de grignoter le dernier morceau de biscuit qui lui reste. Que ces haltes sont ennuyeuses et fatigantes!

La brigade ne nous rejoint qu'à minuit. Nous nous remettons en route, et après une marche atroce à travers une immense plaine de neige où les chemins ne sont pas frayés, la colonne arrive à quatre heures à Lomont.

Quel repos vont pouvoir prendre nos hommes? Ils n'ont rien à manger. Ils se mettent en quête; il n'y a plus rien dans le village. Ils reviennent alors la tête basse s'asseoir près de leurs feux.

Que de fois j'ai vu de ces malheureux, brisés par la fatigue, tourmentés par la faim, assis sur leurs sacs, verser silencieusement des larmes de désespoir.

En haut lieu s'en occupait-on? Hélas! on savait trop ce que la bête pouvait donner.

Et vous prétendez, mon général, forcer aujourd'hui, avec ces troupes-là, des positions inexpugnables. Vous prétendez aller coucher à Belfort demain soir; vous n'y pensez pas. Vous comptez sans les Prussiens, vous comptez sans leurs lignes. Il est vrai que les états-majors ne les connaissent pas.

Que faisait donc toute cette cohue chamarrée que vous traîniez après vous? Beaucoup de bruit, mon général.

On ne la voyait jamais qu'en quête de châteaux pour s'y loger. « Madame, je réquisitionne votre château pour le général et pour son chef d'état-major que j'ai l'honneur de vous présenter. Je vous demanderai également une chambre pour le capitaine d'état-major, le lieutenant d'état-major, l'officier de l'escorte, etc., » et *tutti quanti.*

Et tout cela débité avec un sans-gêne qui n'a pas de nom et tout en étalant les papiers sur les tables avant même que la dame à laquelle on s'adressait, surprise, étonnée, eut eu le temps de répondre.

Allez maintenant, marmitons, allez ordonnances, allez secrétaires, installez-vous, ce château vous appartient. Tel a été pendant toute la campagne le premier souci de l'état-major. Et l'intendance, et les ambulances auxiliaires qui n'avaient jamais personne à soigner, et qui promenaient leurs voitures sur les routes, refusant de prendre les hommes qui ne pouvaient plus se traîner.

Il nous est arrivé quelquefois de voir des ambulanciers qui avaient pris les devants, sachant que, près de l'emplacement désigné pour les bivouacs il y avait un château ou une maison riche et confortable, venir s'y installer et y planter leur pavillon qui ne couvrait jamais rien. L'intendance survenant après l'arrivée des colonnes, et n'ayant plus de château à sa disposition, faisait évacuer l'ambulance et s'installait à sa place. Vainement les ambulanciers roulant de gros yeux offraient de partager, on était aux ordres de l'intendance, il fallait s'exécuter.

Toute la division est bivouaquée à Lomont, dans les rues, dans les maisons, dans les granges, dans les greniers, chaque coin est disputé; qui quitte sa place la perd. Le propriétaire n'est plus le maître, il se borne à subir le flot, c'est dur, mais c'est une nécessité. On prend son bois, on le force à vendre ce qui lui reste de vivres. Ce sont ses compatriotes, ils sont à moitié gelés, il faut qu'il les réchauffe; ils sont affamés, il faut qu'il apaise leur faim. Au bout d'une heure d'une invasion semblable, le propriétaire et l'hôte sont aussi malheureux. Ils mangent ensemble le dernier morceau de pain; ils se chauffent avec le dernier morceau de bois; et quand l'invasion sera passée il ne restera plus rien dans la maison. Le soldat, lui, trouvera peut être plus loin.

La guerre, quel épouvantable malheur pour le peuple envahi. Et si nous avions eu le fanatisme de la patrie !

Les convois arrivent à six heures, cette fois ils sont presqu'exacts au rendez-vous. L'ordre est donné de commencer immédiatement la distribution; la division doit partir à 7 heures.

Quelque diligence qu'on fasse, il est impossible de servir avec aussi peu de personnel administratif, une division dans une heure. A huit heures le bataillon était servi; il avait eu la bonne fortune, arrivant un des premiers, de toucher un tiers de pain par homme. Tout gelé qu'il était, on le préférait encore au biscuit. A neuf heures, la division se met en route; elle avait deux heures de retard.

Depuis deux jours, nous entendions très distinctement l'artillerie de Belfort. La nuit qui précéda Chagey, le feu fut beaucoup plus intense, nous approchions du dénouement.

Notre marche sur Chagey fut assez lente. La route

est difficile et très-accidentée; l'artillerie monte péniblement les pentes, il faut les couvrir de paille.

A onze heures, pour laisser passer la division Cremer qui appuie à gauche, et qui prendra demain Chennebié, nous nous arrêtons dans un petit hameau d'où l'avant-garde vient de déloger une patrouille prussienne. A midi, nous reprenons notre marche en appuyant à droite. La route que nous suivons est bordée de bois de chaque côté et semée de nombreuses coupures réparées à la hâte. Quelques paysans se montrent et suivent la colonne.

« Vous ne pourrez pas chasser les Prussiens, leurs positions sont trop fortes. Si vous étiez arrivés il y a huit jours, il n'y avait rien encore. » — Le chemin de fer avait mis huit jours pour nous transporter de La Charité à Chagny.

« Les Prussiens, demandai-je, sont-ils fatigués? Ont-ils des vivres? — Oh! Monsieur, ils couchent dans nos maisons d'où ils nous ont chassés; ils ont à manger autant qu'ils en veulent; si vous voyiez comme ils sont gras. »

Dans quelles conditions allions-nous les attaquer?

« Ont-ils beaucoup d'artillerie? — Oui, Monsieur, ils en ont partout. Quand vous serez descendu dans le ravin, vous allez voir. — Sont-ils nombreux? — Pas autant que vous, car on dit qu'il y en a beaucoup des nôtres du côté de Montbéliard et d'Héricourt; mais, Monsieur, quelles positions! — Elles sont donc bien fortes? — Oui, Monsieur. — Nous les verrons. » Et les paysans se mêlèrent aux soldats en parlant tout bas.

Enfin, nous arrivons au point de la route où se détache le chemin qui conduit au fameux ravin dont nous devons nous élancer pour prendre Chagey, forcer le passage, prendre Luze et attendre des ordres..., tel était le programme de la journée pour la troisième division.

Nous nous arrêtons un instant avant de descendre ces pentes rapides. On avait envoyé des reconnaissances.

Tout d'abord, on confie au bataillon l'escorte de deux batteries. Il les suivra et ne les abandonnera sous quelque prétexte que ce soit. Dix minutes après, on désignait le 1er bataillon du régiment pour accompagner ces mêmes batteries. Mauvais augure, on tâtonne déjà. Le bataillon est déchargé.

La division descend les pentes. Nos chasseurs, troupe toute jeune que nous avions recrutée en passant à Auxonne, ouvrent la marche. Arrivée au fond de la gorge, la colonne s'arrête. Une compagnie de chasseurs se déploie en tirailleurs et engage le combat avec les tirailleurs prussiens. Au bout de dix minutes à peine, les chasseurs nous amènent des prisonniers. Je m'approche pour vérifier le dire des paysans; ils avaient raison.

Chaudement vêtus, les uniformes propres, brillants même, ces hommes étaient d'une fraîcheur qui contrastait singulièrement avec les nôtres; j'en étais presque honteux. Ils passaient au milieu de nous la tête haute; ils en avaient bien le droit. Leurs regards, leur physionomie demi souriante, mais d'un rire narquois, semblaient nous dire : vous n'irez pas plus loin.

Les débouchés de la gorge sont balayés; on organise les attaques. Le régiment de zouaves en entier se jette

9

à gauche dans les bois; le premier bataillon du régiment l'appuie. L'artillerie s'avance; une pièce est mise en batterie et la première compagnie du bataillon est préposée à sa garde. Elle prend position dans le bois à cinquante mètres à gauche de cette pièce et à cinquante mètres en arrière. La pièce ouvre son feu; elle tire un coup, deux coups, et avant même qu'elle n'ait envoyé son troisième obus, elle est démontée avec une précision écrasante.

Une autre pièce s'avance, remplace la première, et ouvre également son feu. Celle-ci ne tire qu'un coup; immédiatement elle est démontée, quatre de ses servants sont tués ou blessés. Dès lors, il devient impossible à notre artillerie de nous être d'aucun secours sur ce point-là. L'emplacement que ces pièces, qui viennent d'être mises hors de combat, avaient choisi, était le seul qui permit de tirer avec quelque certitude. Les Prussiens le savaient, et leurs dispositions avaient été prises.

Le général de division, à pied, seul, au milieu de la gorge, en face du débouché, songeait; de sa canne il frappait la neige. Son état-major s'était jeté à gauche près de la lisière du bois. Les balles commençaient à siffler. Le bataillon se trouvait à environ cinquante mètres en arrière et attendait. Le général, tournant lentement la tête, me fait signe; je m'approche. « Commandant, vous allez jeter votre demi-bataillon de droite à gauche, dans les bois, pour soutenir de ce côté l'attaque des zouaves; votre demi-bataillon de gauche dans les bois, à droite, vous le conduirez vous-même et vous marcherez sur le village. — Où se trouve le village, mon général, à droite ou à gauche?

— Je ne le sais pas; en sortant du bois vous le ver-rez. »

Nous allons attaquer un village sans connaître exac-tement sa position. Ni le général, ni l'état-major, ni moi, qui doit contribuer à sa prise, ne connaissons exactement l'endroit où il se trouve. Enfin, comme dit le général, je le verrai bien en sortant du bois, et la direction des balles nous l'indiquera suffisamment.

L'attaque des chasseurs avait commencé à deux heures précises.

Depuis quelques minutes, les zouaves avaient ouvert leur feu; ils étaient en présence, il fallait se hâter. La première, comme je l'ai dit, est de soutien à l'artille-rie; je prends avec moi les 2e, 3e et 7e compagnies, les 4e et 6e, placées sous les ordres de l'adjudant-major, appuyeront les zouaves. La 5e était de garde au convoi. Plus tard, son capitaine, nommé V..., nous abandonnera.

La colonne de gauche, formée par demi-sections, part rapidement, se jette dans un chemin qui conduit sur la lisière des bois et disparaît. Tranquille de ce côté, je jette les compagnies que je commande dans les bois qui couvrent les pentes de droite. Nous mon-tons difficilement, tant la neige est épaisse; nous arri-vons sur le plateau; nous nous reformons. Derrière nous, une batterie de douze fait un feu terrible. Malheureusement elle tire un peu au hasard, car elle ne voit rien. Les boîtes à balles et les obus prussiens qui lui sont destinés passent au-dessus de nos têtes, nous couvrent de branches. Formées en colonnes par sections, les compagnies se portent en avant. Nous rencontrons un bataillon du Loiret, perdu, en désordre.

et ne sachant quelle direction prendre. Son chef s'efforce de le rallier. Nous le dépassons et nous descendons toujours. Les balles tombent au milieu de nous. A mi-pente, nous trouvons une ligne d'infanterie de marche assise dans un fossé, le fusil entre les jambes et tournant le dos à l'ennemi; nous n'y voyons pas d'officiers. Nous passons. Sur notre droite, le feu est d'une extrême violence, on se bat à Luze et à Héricourt. Nous descendons toujours.

A dix mètres avant d'arriver à la lisière du bois, nous rencontrons un fossé assez large et assez profond pour que des fantassins assis y soient parfaitement défilés. Oh! là il y a de tout : officiers supérieurs, officiers subalternes, sous-officiers, même des soldats d'administration, tout cela, assis, tourne le dos à l'ennemi. J'arrête ma petite colonne, et je préviens le capitaine de la deuxième que je vais me porter en avant du bois pour voir ce que nous pourrons faire.

A droite, et très-près de la lisière du bois, une batterie de 4 de la 1re division fait un feu violent. J'y vais, je m'adresse au lieutenant qui commande la batterie et je lui demande s'il tire sur le village de Chagey. « Je ne sais pas où se trouve ce village, dit-il, je tire sur une batterie prussienne. — Avez-vous subi des pertes? — Très-peu. » De là je jugeai que la batterie aurait pu mieux faire ailleurs que sur ce point. J'appuyai à gauche en suivant la route de Luze à Chagey, persuadé que j'allais y rencontrer quelqu'un. A deux cents mètres de la batterie, je rencontre un adjudant-major; je m'adresse à lui : « Connaissez-vous Chagey? — C'est probablement ce village qui est là-bas, à notre extrême gauche, à environ cinq cents mètres d'ici. —

Je suis chargé de l'attaquer de ce côté. » Il me regarde d'un air étonné. « Avez-vous beaucoup de monde? — Trois compagnies, répondis-je. » Il hausse les épaules. « Nous marchions tout-à-l'heure dans cette direction, me dit-il, avec mon régiment, et là, au-delà de ce pli que vous voyez, nous fûmes accueillis par un feu épouvantable et presque invisible. Le régiment s'arrête, se déploie et engage le feu. Cinq bataillons prussiens, postés à droite au-delà du pli et derrière un petit hameau, nous couvrent de feu à leur tour. Le régiment recule; nous revenons ici, où je suis, nous nous reformons; nous marchons de nouveau; même insuccès. — Votre régiment, où est-il? — Regardez autour de vous, dans les fossés, sous bois, partout. » Et sa voix tremblait, et ses yeux lançaient des éclairs de sourde colère. « Vous allez vous faire tuer inutilement, lui dis-je, les balles pleuvaient autour de nous, descendez au moins de cheval. — Non, me dit-il, je dois donner l'exemple. » Je lui tendis la main; et je m'éloignai tout en me disant : cet homme, jeune, résolu, d'une bravoure incontestable, est digne d'un meilleur sort.

Je rentre sous bois, je rejoins ma petite colonne, et j'allais marcher quand même en avant, lorsque j'aperçois, dans ce fossé où grouillait tant de couardise et de lâcheté, un lieutenant-colonel. Je vais à lui.

« Mon colonel, j'amène avec moi, trois compagnies toutes fraîches, voulez-vous que nous attaquions ensemble le village, avec tout ce que vous avez là sous la main, et je lui montrais le fossé; si vous voulez ajoutais-je, je me mets complètement à vos ordres. — Des ordres, je n'en ai pas. — Je suis chargé, lui dis-je, d'attaquer le village de ce côté. Tenez, mon colonel, sortons un peu du bois, en avant rien ne nous masque, nous pourrons plus à notre aise étudier la position. — Croyez-vous, me dit-il ? » Je m'avance, il me suit. A gauche, à quatre cents mètres, nous distinguons les premières maisons du village. Des fenêtres, des toits, des buissons partent des coups de feu, dirigés en tous sens. En face de nous, à peu près à égale distance, un long mur de clôture se développe parallèlement et probablement en arrière de la route de Luze à Chagey. Des Prussiens, dont on n'aperçoit que les bustes et montés sur des banquettes, le garnissent sur tout son développement. L'officier qui les commande est debout sur le mur et adossé à un arbre. Entre ce mur et nous, il y avait la plaine semée de quelques noyers, derrière lesquels quelques rares tirailleurs français répondaient de leur mieux aux Prussiens. A deux cents mètres en avant de nous gisait un cheval. « C'est le cheval du lieutenant-colonel des mobiles du Loiret, me dit le colonel. — Leur colonel est-il tué ? — Non, je crois qu'il n'est que blessé. Il leur a été impossible d'aller plus loin, ajouta-t-il. » Les Prussiens nous avaient aperçus, car leurs coups devinrent plus justes. « Rentrez-donc, commandant, me crie un lieutenant d'infanterie, vous voyez bien que vous faites tirer sur nous. » Le lieutenant-colonel était rentré sous bois.

Le sang à la gorge, ne pouvant plus respirer, étouffant de rage comprimée, je rejoignis mes hommes. Il fallait à tout prix les éloigner d'un spectacle si écœurant. Seul avec ces quatre cents hommes, quelque bonne volonté qu'ils eussent à ce moment, mais nullement aguerris, je ne pouvais pas tenter une semblable entreprise. De front, reçu par ces soldats embusqués, à gauche, fusillé par ceux qui occupaient les maisons, à droite, exposé au feu des cinq bataillons que les replis nous dérobaient, j'eusse été infailliblement écrasé avant d'avoir seulement parcouru deux cents mètres. Ne voulant pas m'exposer à subir un désastre inutile ni désorganiser des forces qui pouvaient être employées utilement ailleurs, je fis prévenir le général. Il nous rappela près de lui. En le rejoignant, je lui racontai tout ce que j'avais vu, et tout ce qu'on m'avait dit.

Les attaques de gauche, comme celles de droite, avaient complètement échoué. En somme, la journée avait été mauvaise sur toute la ligne.

Le commandant du 18e corps attribua notre échec devant Chagey, et par suite ceux de Luze et d'Héricourt, aux deux heures de retard qu'avait notre colonne. A ne considérer que soi, la raison de ces échecs est toute entière dans le décousu des attaques, dans leur manque d'ensemble et de direction, et beaucoup dans la mollesse des troupes. Si, d'un autre côté, on considère les positions qu'occupait l'ennemi, nous serons moins surpris.

La nuit vient vite au mois de janvier. Nous bivouaquons sur les pentes de gauche, un peu en arrière des positions que nous avions occupées sur les pentes de droite. Demain serons-nous plus heureux!

Le 16, l'attaque doit recommencer sur toute la ligne. Les régiments de la 3e division, qui sont encore dans le ravin, se munissent de fascines. L'ordre du jour est ainsi conçu : « Les 1re et 2e divisions du 18e corps, après une violente canonnade, emporteront d'assaut le mont de Vernoi; la 3ᵉ division se jettera sur Chagey et forcera le passage. Les attaques commenceront dès que la division Cremer, qui doit s'emparer de Chennebié, entrera en ligne. »

La 2ᵉ brigade avait réussi, la veille, à s'établir, avec une batterie d'obusiers de montagne, sur une position qui dominait, à gauche et sur la lisière du bois, le village de Chagey. Elle avait essayé de l'incendier, ses projectiles étaient insuffisants.

Vers midi, l'artillerie ouvre son feu. Les coups se succèdent avec une rapidité prodigieuse. Il y a du vertige dans cette précipitation. Chacun semble comprendre que de la journée va dépendre le sort de la campagne. Les grosses pièces de Belfort dominent le bruit de leur voix puissante. Le drame est commencé : que va-t-il en sortir?

Il est une heure, la division Cremer ne paraît pas encore. Le feu continue toujours. Deux heures passent, rien de nouveau sur notre gauche; l'artillerie tonne toujours, et ses coups sont plus précipités que jamais. A droite, la fusillade est engagée depuis une heure. Enfin, le canon se fait entendre à gauche; c'est la 2ᵉ brigade qui ouvre son feu. Cremer arrive. Vers trois heures et demie, Chennebié est emporté.

A quatre heures, le bataillon reçoit l'ordre de se mettre aux ordres du lieutenant-colonel du 39ᵉ de marche. Il doit, avec un bataillon de ce régiment, emporter Chagey. Les dispositions sont rapidement arrêtées. Dès que la tête de colonne, débouchant du ravin, s'engagera dans la plaine, une compagnie, déployée en tirailleurs, prendra le pas de course et poussera en avant sans tirer un seul coup de feu. A droite, une autre compagnie gagnera la cîme des ondulations, se couchera par terre et engagera le feu si c'est nécessaire. A gauche, une autre compagnie se jettera à travers champs sur les premières maisons. Arrivée à deux cents mètres, la colonne prendra, elle aussi, le pas de course, et se jettera tête baissée dans le village. Le bataillon de tête se dirigera, sans s'arrêter, droit au pont, le passera rapidement, s'emparera des premières maisons et s'y barricadera. Les autres, se divisant dans les rues, attaqueront de tous côtés. De nos deux bataillons, nous en avions formé quatre; moins nombreux, ils étaient plus maniables.

Avec des hommes tels que les nôtres, il faut brusquer l'attaque et leur enlever le temps de la réflexion. Il est évident que la route que nous allons suivre sera semée de cadavres et de blessés; qu'importe, il faut courir. S'arrêter à tirailler, c'est plus que compromettre le résultat, c'est préparer un échec. Il faut être un moment torrent, effrayer l'ennemi à force d'audace, sauf à respirer après. Chagey devait être attaqué de tous les autres côtés à la fois. L'importance de ce village est d'autant plus grande pour nous, que la seule route qui nous permette de déboucher sur Belfort le traverse.

L'attaque est ordonnée pour quatre heures et demie. Les officiers et les sous-officiers du bataillon sont prévenus. Nous n'avons encore rien fait, on nous demande beaucoup, soyons dignes de nos frères de Mézières et de Juranville. Il est quatre heures vingt minutes, le bataillon est prêt. Une estafette arrive, l'attaque est suspendue.

Dès la veille et dans la matinée, les Prussiens, voyant

qu'une partie de nos efforts s'étaient concentrés sur Chagey, n'avaient pas perdu leur temps. Ils avaient élevé rapidement deux batteries qui devaient écraser le village et le pont, si nous étions parvenus à nous en emparer. Dès lors la question était déplacée; nous pouvions nous emparer de Chagey, mais nous ne pouvions plus y rester sans être littéralement broyés. Nous n'étions pas en état de contrebattre ces deux batteries. Comme tout s'enchaîne : il y a huit jours, les lignes n'existaient pas; hier, nous pouvions, en nous emparant de Chagey, forcer le passage; aujourd'hui, nous pouvons nous emparer de Chagey, mais nous ne pouvons plus passer.

Tels sont les renseignements que rapporte un capitaine du génie, envoyé en éclaireur par le quartier général.

A quatre heures et demie, nous prenons les armes,; la 2ᵉ brigade, qui n'a pas été prévenue à temps, s'est engagée; il faut aller ou la soutenir ou l'aider à se dégager. Nous montons rapidement, à travers bois, les pentes de gauche, toujours sous les ordres du lieutenant-colonel du 39ᵉ. Le temps presse, il faut se hâter.

Parvenus sur les hauteurs, nous recevons contre-ordre. La brigade est dégagée. Nous passons la nuit en observation, dans ces bois, à cheval sur un chemin qui conduit à ce terrible village.

Le 17, à trois heures du matin, un ordre nous arrive : il faut aller reprendre nos positions dans le ravin. La journée se passe tristement.

Le soir, vers cinq heures, le bataillon de chasseurs de la division est lancé à l'improviste sur la gauche de

Chagey. Il s'empare des premières maisons et y passe la nuit. Les attaques vont-elles recommencer?

Durant ces trois jours de combats, les Prussiens se bornèrent à repousser nos efforts. Nulle part, ils ne prirent l'offensive. Il y eut bien quelques faibles succès de notre côté, mais les points principaux de cette ligne qui s'étendait de Montbéliard à Chennebié et qui rejoignait, par sa droite, les ouvrages d'investissement de Belfort, ne furent jamais un seul instant en notre pouvoir. Ni Montbéliard, ni Héricourt, ni Luze, ni Chagey ne sont tombés entre nos mains ; c'étaient comme autant de clefs de la position. La prise de l'une, selon toute probabilité, eût entraîné le premier jour la prise des autres. Le lendemain c'était déjà trop tard.

Ces positions, reliées entre elles par des ouvrages de défense, couvertes, sur tout leur développement, par la Lizaine, ruisseau bourbeux, profond dans plusieurs endroits, large dans d'autres, étaient dominées par des batteries étagées qui fournissaient au besoin des feux croisés sur l'un ou l'autre des différents points de la ligne. De plus, tous les environs avaient été si bien étudiés, toutes les distances avaient été si bien calculées, qu'il n'y avait pas un seul point d'où nos batteries pussent contrebattre les leurs, qui ne fut immédiatement écrasés de projectiles.

De l'aveu des hommes les plus compétents, ces lignes étaient inexpugnables. Ainsi, les Prussiens nous avaient donné, à Sedan, à Metz, des leçons de stratégie et de tactique, aujourd'hui, sous Belfort, ils nous donnent des leçons dans l'art de se couvrir, dans le choix des positions et dans la manière de les défendre. Ils ne sont que 45,000, nous sommes plus de 100,000, ils ont derrière eux une place qu'ils assiégent et que nous voulons secourir ; ils peuvent, au moment de la bataille, être pris entre deux feux, ils n'hésitent pas. Ils choisissent leurs positions, nous attendent, déjouent tous nos efforts, repoussent toutes nos attaques et nous forcent à reculer. Il est vrai que le pays qu'ils occupent se prête à merveille à ce genre de tactique et que nos flancs et nos derrières sont menacés.

Wellington avait les lignes de Torrès-Vedras, Werder aura les lignes de la Lizaine, et ce ne sera pas son moindre titre de gloire. Désormais, tous les hommes sérieux, désireux de s'instruire dans l'art de la guerre, visiteront pas à pas ces emplacements devenus célèbres, ces villages barricadés et mis partout à jour pour la défense, ces mamelons hérissés d'artillerie du plus fort calibre, que des hommes audacieux, pleins d'énergie, avaient réussi, au prix de fatigues inouïes, à mettre en batterie dans la neige et au cœur d'un hiver des plus rigoureux.

Pouvions-nous mieux faire ? Dans les conditions où nous nous trouvions, non. Toutes les causes de nos insuccès se sont manifestées à chaque pas, à chaque étape de cette voie douloureuse. Quelle leçon !

Cette fois, les paysans avaient dit la vérité.

Pendant que Werder nous arrête sous Chagey, Héricourt et Montbéliard, l'orage se forme de toutes parts. Les armées allemandes arrivent à marches forcées avec une précision désespérante. Dès les premiers jours de janvier, l'Allemagne, que toute la presse française s'accordait à considérer comme épuisée, s'apprêtait à jeter encore sur nous trois cent mille soldats. Chez elle, tout est suspendu : trains de voyageurs, trains de marchandises ; chacun ne voit plus que la grande affaire, la ruine totale de cette nation superbe et orgueilleuse. L'Allemagne entière va passer le Rhin, et se ruer sur sa rivale et son ennemie.

Pour trouver quelque part un flot semblable, une invasion pareille, un débordement de tout un peuple sur un autre, il faut remonter aux croisades et emprunter cette parole métaphorique d'une princesse Commène à la vue de cette immense multitude de croisés s'abattant sur Constantinople : « On dirait que l'Europe arrachée à sa base va crouler sur nous. » Cette fois, ce n'est pas l'Europe qui se répand sur l'Asie, c'est la Germanie qui déborde encore sur la Gaule. Les routes lui sont depuis longtemps connues.

La plus grande partie des garnisons de l'Alsace et des autres pays occupés partent en toute hâte pour renforcer l'armée de Werder. Les 2e et 7e corps prussiens, détachés de Paris et des environs, aux ordres du général de Manteuffeld, se sont mis en marche, arrivent et se dirigent de façon à tourner notre gauche. Dix mille hommes se jettent entre la frontière suisse et nous, et menacent notre droite. Le 24e corps leur sera opposé, mais il abandonnera sans combat les positions qu'il doit défendre. Pont-de-Roide, St-Hippolyte, Baume-les-Dames seront occupés sans coup-férir. Partout le cercle va se rétrécissant. Les Allemands se préparent à renouveler Sedan.

Cependant il en est temps encore ; au prix de quelques sacrifices, au moyen de marches rapides, l'armée peut gagner Dijon et Autun. Dans le massif du Morvan, elle est sauvée.

J'ai dit que le 17 au soir, on avait jeté à l'improviste le bataillon de chasseurs de notre division sur la gauche de Chagey, et qu'il s'était logé, malgré l'ennemi, dans les premières maisons. Cette opération avait pour but de masquer le mouvement du lendemain.

Le 18, l'ordre est donné de quitter le ravin et de remonter sur la route. Pendant la nuit, les chasseurs ainsi que le chef de la 2e brigade qui avaient pénétré dans Chagey, prévenus à temps, purent s'en retirer. Ils ne l'eussent pas fait que nous ne les dégagions pas; on les sacrifiait. Leur attaque avait eu lieu pour donner le change à l'ennemi; on allait battre en retraite, on voulait lui faire croire à de nouveaux efforts sur sa ligne.

Nous remontâmes donc ce fameux ravin, lentement, péniblement et surtout sans bruit. Les ambulances étaient parties dans la nuit. Leurs dernières voitures montèrent avec nous. Toutefois, une d'entre elles, beaucoup plus lourdement chargée, fut abandonnée. Nous laissions dans ce ravin et dans les bois qui couvrent ses pentes environ quinze cents hommes; beaucoup plus assurément que les Prussiens, qui tiraient presque partout à couvert, n'en avaient perdu. Le bataillon n'y laissa personne. D'après les rapports des commandants de compagnies, il n'eut que quatorze blessés.

En débouchant sur la route, le bataillon se trouvait encore tête de colonne, nous vîmes le général de division. Il était triste et abattu; assis un peu à l'écart, sur un morceau de bois, près d'un feu où il avait passé la nuit, de sa canne il attisait quelques charbons. Le reste de l'état-major souriait.

Le commandant du régiment, que notre chef de

brigade avait fait appeler, nous rejoignit, et nous indiqua notre route.

Une section de la première compagnie part en avant-garde, et suit un chemin qui n'est que le prolongement du chemin du ravin, ou autrement le chemin de traverse de Couthenans à Chagey. La colonne s'engage à sa suite à quatre cents mètres environ de distance.

La direction que nous suivions était parallèle aux lignes prussiennes; aussi, pour éviter d'être canonnés inutilement, nous recommanda-t-on, quand il en serait temps, de faire le café dans les gorges de manière à masquer nos feux. Le 18e corps faisait un double changement de front en arrière sur sa droite, tout en menaçant l'ennemi de manière à le tenir à distance et à le tromper le plus longtemps possible sur le mouvement que nous opérions.

Il faisait moins froid que d'habitude; le temps sombre et chargé de brouillards plombés s'était mis à l'unisson de la scène qui se passait. Partout il y avait de la tristesse. Les hommes, chuchotant entre eux, cherchaient probablement à s'expliquer le but de la marche que nous allions faire.

La route par laquelle nous étions arrivés était encombrée de voitures qui se dirigeaient sur Lomont et Villersexel. Les malades du bataillon et ceux que la fatigue empêchait de suivre furent placés sur ces voitures. La cinquième compagnie escortait toujours le convoi.

Le capitaine, malgré les efforts que j'avais faits pour le rappeler, s'était fait maintenir à la garde du convoi. Il passa les journées des 16 et 17 bivouaqué sur la route, en dehors de la sphère d'action de tout projectile. Il est des actes dont la portée ne se mesure pas, et dont les conséquences rejaillissent pour toujours sur la vie d'un homme.

Vers midi, la colonne arrive à Champey ; nous nous y arrêtons quelques instants. Lorsque nous quittâmes ce village, pas un officier d'état-major n'était resté pour nous indiquer notre route. Nous nous engageons sur un chemin qui nous mène au centre des positions prussiennes ; c'était bien là cependant la route que nous devions suivre pour atteindre l'emplacement de nos bivouacs à Coisevaux. Ce que l'état-major ne nous avait pas dit, c'est qu'en sortant de Champey il fallait appuyer à droite et prendre à travers champs pour gagner Coisevaux. Nous fûmes arrêtés à temps par une compagnie de chasseurs venant en sens contraire.

Le bataillon arrive à quatre heures à Coisevaux ; il bivouaque à droite de la sortie du village, près de la route qu'il prendra demain.

La première compagnie, chargée d'éclairer notre droite, est placée en grand'garde sur des hauteurs presqu'inaccessibles. Une heure était à peine écoulée, que le lieutenant qui la commandait me fait prévenir qu'il lui est impossible de monter jusqu'à l'emplacement que le commandant du régiment lui avait désigné. L'épaisseur de la neige, la raideur des pentes, — les armes ne peuvent même se soutenir en faisceaux, — l'arrêtent forcément. « Restez où vous êtes ; établissez vos postes, et veillez, » lui fais-je dire. J'ai remarqué, durant cette malheureuse campagne, que la première compagnie avait été plus éprouvée que les autres. Cependant elle ne marcha jamais hors tour.

La deuxième compagnie fut détachée à l'artillerie, qui avait pris position sur un plateau à gauche.

Les Prussiens ne s'aperçurent que vers midi du mouvement de retraite de l'armée.

Le départ avait été fixé, pour le lendemain, à 5 heures du matin. A l'heure indiquée, le bataillon était prêt. Nous ne nous mîmes en route qu'à sept heures.

A neuf heures, nous arrivons à Trémoin ; l'état-major y est déjà. Sans perdre de temps, je réquisitionne, avec l'autorisation du commandant du régiment, et sur le vu du maire, deux bœufs dont je confie la surveillance à quatre hommes, que je mets immédiatement en route, après leur avoir donné les ordres nécessaires. Ces hommes ne reparurent plus. J'appris, en arrivant à Besançon, qu'ils avaient vendu ces bœufs, destinés à nourrir leurs camarades.

A dix heures, nous quittons Trémoin, et nous arrivons vers midi à Arccy. La colonne s'y arrête une heure.

Toute l'armée est en pleine retraite, c'est un fait accompli. Elle descend sur trois colonnes : celle de droite, par Pont-de-Roide, Saint-Hippolyte, qu'elle est chargée de défendre à outrance ; le 18e corps, par la vallée de l'Oignon, avec Besançon pour objectif ; la colonne du centre suit la ligne de crête du plateau qui sépare le bassin du Doubs du bassin de l'Oignon ; le 24e corps, en gardant momentanément Pont-de-Roide et Saint-Hippolyte, est chargé de protéger surtout les passages qui conduisent en Suisse, en arrière et sur sa droite.

L'armée de Werder nous suit pas à pas. Dès que les positions que devait défendre le 24e corps lui sont li-

vrées, une partie, dix mille hommes environ, cherchent, par tous les moyens possibles, à nous gagner
de vitesse sur Pontarlier, sans toutefois trop s'aven-
turer.

En quittant Arccy, la première compagnie, qui n'a-
vait été relevée qu'assez tard, nous rejoint à la hâte et
nous apprend que les Prussiens viennent de nous
prendre, à Trémoin, environ 1,500 hommes. Ils n'ont
pas perdu de temps.

Désormais, ils seront constamment sur nos traces
précipitant notre retraite, et ramassant nos traînards.
Quiconque s'écartera ne reparaîtra plus.

Nous n'arrivons à Fallon qu'à sept heures du soir.
Nous avions mis deux heures à franchir un petit pont
sur un des affluents de gauche de l'Oignon. Le désordre
y était tel qu'à chaque instant il arrivait, du côté opposé, des chevaux et des mulets d'ambulance. A un
moment donné, le commandant du 3ᵉ bataillon mit le
sabre à la main devant l'indiscipline de quelques-uns
de ces soldats, chargés de conduire les ambulances
légères. Le bataillon occupe un quartier du village et
se loge comme il peut chez l'habitant. La deuxième
compagnie, de piquet d'observation, bivouaque dans la
rue. Dans la nuit, on nous distribue du lard et du biscuit. Le sucre et le café ne font plus partie de la distribution, il devient impossible à l'administration de s'en procurer.

Le 20, nous quittons Fallon à huit heures du matin
et nous nous dirigeons, par Rougemont, sur Sermigney.
Rougemont est occupé par des francs-tireurs. Vainement la trompe résonne pour les rallier, personne ne
se présente. Dans les cabarets, les libations sont co-

pieuses ; en racontant ses hauts faits au paysan qui
paie, on oublie volontiers le signal.

A trois heures, nous prenons position à deux kilomètres en avant de Sermigney. Le bataillon, commandé
de grand'garde, couvre une partie des bois au nord.
Sa gauche, appuyée à l'Oignon, et sa droite se reliant
à la gauche du 3e bataillon.

La première compagnie, établie à mi-pente d'un
ravin, occupe les deux ou trois maisons d'une petite
métairie. La deuxième bivouaque sur la lisière des
bois, à la droite de la première. Les postes et les grand'-
gardes de ces compagnies sont poussés jusqu'à 500
mètres en avant sur le plateau. La troisième prend
position dans un petit moulin que font tourner les cas-
cades d'un ruisseau qui se perd à 50 mètres de là
dans l'Oignon ; ses postes surveillent un chemin qui
conduit au village de Mortagney, ainsi qu'un gué facile
à passer. En arrière, et sous-bois, la quatrième sert
de réserve. Les sixième et septième gardent l'artillerie,
dont les pièces sont en batterie sur le plateau. Elles
détachent en plus quelques petits postes qui descen-
dent jusque sur la rive de l'Oignon, pour surveiller la
campagne et les bouquets de bois qui la couvrent sur
la rive droite.

Nous restons dans ces positions jusqu'au lendemain,
vers midi. A une heure, nous nous remettons en route,
et nous allons bivouaquer le 21 à Luzans où nous arrivons à huit heures du soir. Une partie de la nuit se
passe à courir au village de Corcelles, situé à cinq kilomètres environ de notre cantonnement, pour y recevoir une ration de biscuit, de lard et de viande fraîche.

Quand nous quittâmes la route pour aller à Luzans,

pourquoi ne donna-t-on pas l'ordre de laisser à la bifurcation le nombre d'officiers et de soldats nécessaires pour le service de la distribution? Non, il était préférable de leur faire faire dix kilomètres en plus et de les empêcher de se reposer et de dormir. Quelle incurie !

Le 22, nous quittons Luzans, et nous arrivons, vers six heures du soir, après une marche des plus pénibles, aux premières maisons d'un des faubourgs de Besançon, côté nord-est. On s'arrête, on se forme avant d'entrer dans le faubourg, comme un régiment qui arrive à l'étape ; on met la bayonnette au bout du canon. A qui prétend-on faire illusion? Depuis deux jours dix mille fuyards se sont abattus sur la ville et ses environs. Est-ce que l'état-major de la place, est-ce que les habitants ne savent pas ce qui se passe? Marchons donc au plus vite, assez nous étalerons demain notre misère et notre honte.

Nous traversons le faubourg à la lueur des becs de gaz; nous tournons à droite; nous passons devant la gare, devant notre convoi, devant la cinquième compagnie, dont le capitaine s'est bien gardé de se trouver à notre passage, et nous allons bivouaquer à quatre kilomètres plus loin, à Saint-Claude, où nous arrivons vers neuf heures.

A minuit, je reçois l'ordre de faire partir le nombre d'hommes nécessaires pour une distribution. Les officiers sont sur les dents; beaucoup d'entr'eux sont malades de fatigue et d'épuisement; les hommes succombent sous le faix de la misère et des marches continuelles ; nous avons passé, il y a trois heures, devant notre convoi, il est à quatre kilomètres en arrière, il faut y retourner.

Le capitaine de la deuxième, qui entrera au jour à l'hôpital, se dévoue. Il accompagne la corvée et rentre au bivouac à six heures. A sept heures il nous quittait avec le capitaine de la quatrième. Tous les deux étaient rongés par la fièvre.

Le 23 au matin, nous quittons Saint-Claude, nous revenons sur nos pas jusqu'à la gare, nous tournons encore à droite, nous traversons un très-long faubourg, direction ouest, et nous arrivons vers midi au village de Franois, où nous formons les faisceaux. Au bout d'une demi-heure, nous nous remettons en route; nous montons vers le nord, et à trois heures nous arrivons au village de Serre.

La division toute entière prend position autour et dans ce village. Le bataillon descend la colline sur laquelle sont groupées les maisons, et occupe un petit bois dans la vallée en se reliant, par sa gauche, au premier bataillon du régiment qui se déploie sur une autre hauteur. A droite, se déroule une petite plaine que nous devons surveiller; elle est coupée par une route qui monte au village. Au-delà de la route, le bataillon de chasseurs échelonne ses compagnies. En avant de nous, sur un petit plateau, le régiment de zouaves occupe le village de Champagney.

Dans la soirée, la division Cremer, qui se déployait sur des hauteurs à deux kilomètres plus à gauche, engageait un léger feu d'artillerie avec les Prussiens qui avaient passé l'Oignon sur le pont de Marnay, et qui se dirigeaient sur Gendrey et Dampierre. La nuit fait cesser le feu.

Nous passons la journée du 24 dans ces positions, les 3 corps d'armée couvrant Besançon à l'ouest et au nord.

Pendant que nous restions immobiles, les Prussiens marchaient toujours. Les 22 et 23, une partie de leurs troupes, qui se trouvaient sur la rive droite de l'Oignon, s'était emparée des ponts de Voray et de Marnay que les mobilisés gardaient, et étaient venus s'établir sur la rive gauche. Leurs forces principales se concentraient à Pontailler et à Gendrey afin d'empêcher toute velléité de notre part, de nous diriger sur Auxonne et de rejoindre Dijon où le vieux Garibaldi s'endormait inactif et confiant, s'en rapportant à la vigilance d'un état-major de pacotille tout bouffi d'orgueil méridional et de sotte présomption. Sur notre droite, l'ennemi descendait toujours, se tenant prêt à passer le Doubs si nous marchions sur Auxonne, ou à nous devancer sur Pontarlier si nous prenions la route de la Suisse. Au sud, une forte colonne occupait Mouchard.

Le conseil de guerre, tenu à Besançon, avait décidé, dans la journée du 24, que, d'un côté, l'armée de l'Est ne pouvant échapper au sort des armées de Metz et Sedan, si elle restait sous Besançon; que, d'un autre côté, ne pouvant non plus, vu son état de dénuement complet et d'affaissement moral, son manque de cohésion et le peu de valeur des troupes et des officiers, essayer de faire une trouée, au milieu des forces ennemies, pour gagner Dijon, il ne lui restait qu'une seule chance de salut pour éviter d'être faite prisonnière, c'était de courir au plus vite sur Pontarlier et de se réfugier en Suisse avec tout son matériel.

En conséquence de cette détermination, les corps, qui se trouvaient les plus rapprochés de Besançon, commencèrent à passer sur la rive gauche du Doubs, dès le 24 au soir.

Le 25, l'armée continue à passer le Doubs. La division, chargée de couvrir au nord-ouest le mouvement de retraite, se rapproche du village de Serre. Le bataillon abandonne le bois qu'il occupait, remonte sur les pentes, prend position dans les vignes qui couvrent les coteaux en avant du village et détache un fort poste, à environ cinq cents mètres sur la droite, pour défendre et observer un petit pont que franchit la route, au fond de la vallée.

Le 26 au matin, nous nous replions à notre tour sur Besançon, en traversant de nouveau le village de Franois, et nous passons sur la rive gauche du Doubs.

Dès la veille, les Prussiens avaient également continué à passer le Doubs à Dampierre, et renforçaient leurs colonnes déjà établies à Quingey.

La division se porte à environ neuf kilomètres au nord-est de Besançon et s'établit à Gennes. Le bataillon avait laissé, en passant, la première compagnie de grand'garde au point de jonction de la route que nous suivions et du chemin qui conduit à Grand-Saône. Dans cette position, nous étions opposés aux troupes prussiennes qui descendaient de Baume-les-Dames que le 24e corps avait également abandonnée.

Depuis quelque temps, nous ne pouvions plus faire la solde ; il ne nous restait en caisse qu'un billet de banque de deux mille francs, et nulle part nous ne trouvions à l'échanger. Les états de solde pour la première quinzaine de janvier étaient également prêts, mais nous n'avions pas encore trouvé l'occasion de les toucher ; du reste, il nous manquait la signature du sous-intendant chargé de la surveillance administrative de la division. Dans ce chaos, trouver un payeur, trouver un sous-intendant, n'était pas toujours chose facile. Enfin, le 26, nous étions complètement en règle. Malheureusement, ce jour-là, l'officier-payeur était malade. Je fis appeler M. le sous-lieutenant L..., et lui donnai l'ordre d'aller à Besançon toucher la solde et échanger, s'il était possible, ce billet de deux mille francs. « Prenez un de mes chevaux, lui dis-je encore, et surtout revenez ce soir, ne manquez pas; dans deux jours, demain, peut-être, Besançon peut être investi. » Sur l'observation assez juste que me fit cet officier, que, sur des routes couvertes de verglas, mon cheval l'embarrasserait plus qu'il ne lui serait utile, je le laissai partir à pied. Nous ne le revîmes plus. A Bourges seulement il rendit ses comptes, encore fallut-il.... Que fit-il à Besançon? Je l'ai su depuis... Nous restions sans argent, et les hommes n'avaient rien touché depuis le 6 janvier. Le devoir et l'honneur comptent souvent pour bien peu de chose dans la vie de certains hommes.

Dans la matinée du 27, une rumeur, sourde d'abord, circule parmi les officiers. On s'aborde, on s'interroge à voix basse; on n'ose pas y croire, tellement les circonstances sont graves. Peu à peu elle prend plus de consistance; les visages deviennent inquiets, et s'assombrissent. Dans l'air, dans les bois qui nous entourent, il y a quelque chose d'inaccoutumé. On ne tient pas en place; on va, on vient, on retourne cent fois sur ses pas. On se demande à soi-même si un pareil acte est possible. On espère encore que ce ne sera qu'un bruit de camp, qui se dissipera comme tant d'autres.

Plus de doute possible, la nouvelle se confirme. Quel malheur! On se réunit par groupes; chacun émet ses idées sur les conséquences incalculables que peut avoir une décision pareille de la part d'un tel homme, et dans un tel moment. Est-ce faiblesse ? ou bien le drame est-il terminé ? Comme à Metz, comme à Sédan, allons-nous rendre les armes ? Bourbaki n'aurait-il pas voulu apposer son nom au bas d'une capitulation qui l'eut à jamais deshonoré ? Ne serait-ce que pour échapper à la honte et au désespoir qu'il s'est suicidé ? Des détails nous arrivent.

Profondément irrité, dit-on, à la suite d'un bruyant conseil de guerre où chacun repoussait, loin de soi, la responsabilité de nos défaites, et où personne ne voulait endosser la lourde charge des événements qui allaient suivre ; de plus, soupçonné, accusé presque hautement de trahison, par certains officiers de son entourage que la délégation de Tours lui avait imposés ; voyant à chaque pas se dresser devant lui les fantômes de Metz et de Sédan, et croyant que tout était perdu, cet homme, autrefois si énergique, dans un moment d'hallucination, et pour se soustraire au déshonneur, se frappe lui-même.

Faiblesse indigne d'un grand cœur, et que l'histoire, bien plus encore que ses contemporains, jugera sévèrement.

Bourbaki sauvant, par un effort désespéré, les restes mutilés de son armée, eut été bien plus grand que Bourbaki s'ensevelissant lui-même avec une réputation de bravoure incontestée, mais laissant à la postérité un nom devenu désormais synonyme de faiblesse et d'impéritie.

Le soin de sauver l'armée avait été remis au général Clinchant.

12

Nous quittons Gennes à trois heures, et nous gagnons à travers la plaine, durcie par le froid, la route de Grand-Saône. A cinq cents mètres avant d'arriver à ce village, nous nous arrêtons pour donner le temps à l'artillerie de monter une côte assez roide et couverte d'une couche épaisse de verglas que le froid resserre chaque jour. Vainement, pendant deux heures, essaie-t-elle de monter ; on double, on triple les attelages ; les chevaux n'en peuvent plus ; ils n'ont pas mangé, ils refusent de tirer. Nous sommes alors dans la nécessité, ou d'abandonner notre artillerie, ou de coucher à Grand-Saône. Le général prend ce dernier parti ; demain nous doublerons la marche, car il n'y a plus un moment à perdre, et les instants sont comptés. Il faut arriver à Pontarlier avant l'ennemi.

Pendant la nuit, l'artillerie fait manger ses chevaux, et des paysans qu'on avait requis brisent, à coups de hache et de pioche, l'épaisse couche de verglas qui couvre la route. A trois heures, tout est prêt ; l'artillerie part. A six heures du matin, nous partons à notre tour, et nous n'arrivons à Nods qu'à neuf heures du soir.

Ce fut encore une de ces journées laborieuses à ne pas y croire. Dans la neige jusqu'à mi-jambe, nous étions de plus rejetés dans les fossés de la route par les cavaliers qui passaient. Souvent la route était occupée par deux files de voitures qui s'arrêtaient à chaque pas. Une foule immense de fuyards ne cessant de traverser nos rangs, se jetait devant nous pour marcher plus vite, et nous empêchait d'avancer. Il fallait se disputer pour ne pas se laisser rompre. J'avais donné l'ordre le plus formel, dans les compagnies, de

ne pas se laisser couper par qui que ce fût. Dans ces
circonstances, un bataillon coupé est un bataillon dés-
organisé. C'est en vain que ses tronçons cherchent à
se rejoindre ; toujours un nouvel obstacle les arrête.
Une fois épars, ils ne peuvent plus se réunir. Dans cette
débâcle, où chefs et soldats marchaient souvent isolés
ou pêle-mêle et confondus, le bataillon s'avançait en
ordre. Il semblait que plus les difficultés grandissaient,
plus il se serrait, plus il devenait compacte.

Il est vrai que tout ce qui restait en arrière, voitures,
caissons, soldats, étaient impitoyablement ramassés
par l'ennemi. Quoi qu'il en soit, je le répète hautement,
et le dis à la louange de tous, il ne se passa pas un
seul jour, quelque difficile que fussent les circonstances, sans que je l'eusse sous la main.

Le lieutenant de la deuxième, M. C...., nous aban-
donna en quittant Grand-Saône. Je ne le revis qu'à
Bourges, où je lui dis, en quelques mots, mon avis sur
sa conduite. Toujours en avant ou en arrière des colonnes, rarement avec le bataillon. — C'est lui qui me
présenta le détachement abandonné à Auxonne par
M. M.... — Préférant la société des hommes, et pour
cause, à celle des officiers, ses camarades, il n'était
presque jamais présent quand son tour de service l'ap-
pelait. Maintes fois il eut à subir des arrêts infligés par
son capitaine, et à supporter des paroles souvent très-
dures de ma part. Rien ne le touchait ; ses instincts le
dominaient, il n'en était plus le maître. Ce fut pour ses
camarades un embarras réel pendant toute la campagne ; quelquefois même nous eûmes à rougir de lui.

Je dois dire pourtant qu'il m'a paru brave ; sous
Chagey j'eus l'occasion de le voir. La bravoure, pour

un officier, ne suffit pas ; il lui faut encore des qualités autrement solides.

A Nods, nous bivouaquâmes dans les rues du village, comme nous pûmes, au milieu des chevaux et des voitures. Quel désordre ! Chaque jour il allait croissant ; chaque jour des corps se débandaient. Plus nous approchions des frontières, plus cette armée, qui devenait à chaque pas cohue, avait hâte de les atteindre. On marchait de jour comme de nuit; ambulances, surtout les auxiliaires, cavaliers, voitures, ne se reposaient plus. Pontarlier ! Pontarlier ! Si l'ennemi l'occupait avant eux ! La peur donne le vertige. On marche, on court, on ne raisonne plus.

Dans des divisions on ne se gardait même pas. Les traînards, échelonnés sur la route, prévenaient seuls de l'approche de l'ennemi. Apparaissait-il, c'était comme une traînée de poudre. Voilà les Prussiens. Ces mots volaient de groupes en groupes, jetaient le désordre dans ces bivouacs où il n'y avait plus rien, ni discipline, ni chefs, ni soldats, et chacun reprenait sa marche abandonnant canons et caissons, sans tirer un seul coup de fusil. C'était comme une nuée de corbeaux, en train de se repaître, et que l'approche d'un homme faisait partir. La division ne fut jamais surprise, elle n'eut pas cette honte.

Le 29, nous quittons Nods à sept heures du matin. et nous nous dirigeons sur Pontarlier. Serons-nous assez heureux pour l'atteindre? Partout les Prussiens se resserrent et nous talonnent. Encore un effort de leur part et nous pouvons être pris. La journée, du moins dans notre colonne, se passe sans encombre. Vers deux heures, nous arrivons en vue de Pontarlier.

A quatre kilomètres environ, avant d'arriver à Pontarlier, nous abandonnons la route, et nous suivons un
petit chemin qui s'en détache obliquement et en avant
sur notre droite. A trois heures, nous arrivons à Vuillecin.

Ce petit village, adossé à une montagne aux pentes
escarpées, regarde Pontarlier. Il est situé à trois kilomètres de la ville, direction nord-ouest. Le Drugeon,
l'un des tributaires de gauche du Doubs, baigne ses
pieds. On le passe sur un beau pont qui n'a pas deux
ans, je crois. La fonte des neiges l'enfle souvent outre
mesure, et il inonde fréquemment ses environs.

Le 4ᵉ de zouaves avait laissé une compagnie de
grand'garde à l'embranchement du chemin et de la
route. Le général de division m'appelle, et me mon-
trant les hauteurs qui couvrent le village à l'ouest :
« Vous allez, commandant, envoyer là-haut cent
hommes de votre bataillon ; voici un guide. Ces cent
hommes se mettront aux ordres d'un capitaine d'infanterie de marche qui occupe déjà ce bois de sapins. »
Les hommes sont désignés ; je donne quelques instructions aux officiers qui les accompagnent, puis ils
partent.

Il est quatre heures. Le reste du bataillon se can-
tonne dans quelques maisons ; il faut se serrer ; toute
la division est là, plus l'artillerie de réserve du 18ᵉ
corps, et le village n'est pas grand.

Vers cinq heures, quelques coups de canon se font
entendre sur notre droite. C'est une division du 24ᵉ
corps, bivouaquée dans un petit village au-delà des
hauteurs que nous occupons, que les Prussiens viennent de surprendre. Aux premiers coups de feu tout

se sauve. Les artilleurs envoient précipitamment quelques décharges et abandonnent leurs pièces. Toute
l'artillerie de la division, dix-huit pièces, étaient tom-
bées aux mains de l'ennemi. Nulle part on avait tenu,
les hommes n'avaient même pas essayé de se défendre;
ils avaient pris la fuite. C'en est fait, l'armée n'existe
plus. A l'exception de quelques divisions, le reste n'est
plus qu'un vil troupeau de fuyards, que la peur chasse
devant elle.

Vers minuit, le général de division me fait appeler.
« Paris a capitulé; il y a un armistice; la paix probablement va s'en suivre; les conditions sont désespé-
rantes. — Il me les énonce. — Nous sommes arrivés,
continue-t-il, au dernier échelon du déshonneur.
Néanmoins, il faut encore se tenir sur ses gardes;
avec les Prussiens, nous ne saurions prendre trop de
précautions. En conséquence, vous allez rassembler le
reste de votre bataillon, et vous irez ensuite avec lui
prendre le commandement des grand'gardes qui sont
établies sur les hauteurs. Voici des copies de l'armistice; si vous êtes attaqué, vous hisserez un pavillon
parlementaire, ou vous ferez crier « armistice. » Si on
ne s'arrête pas, vous vous défendrez. Dans tous les
cas, je compte sur vous, et faites-moi prévenir sur-le-
champ de tout ce qui se passera. »

Je sortis de chez le général en proie à mille senti-
ments divers. L'armistice, c'était la fin de la guerre;
c'était inévitablement la paix. Devions-nous nous en
réjouir? Si c'était la paix, c'était aussi la France vain-
cue, abaissée, humiliée au-delà de tout ce qu'on peut
dire et à la complète merci de son vainqueur. C'était la
cession irrévocable de l'Alsace et de la Lorraine, ces

deux provinces si riches d'industrie et de patriotisme. C'était une dette colossale de cinq milliards de francs, rançon unique jusque-là dans l'histoire.

Est-il, entre toutes les nations, une nation qui, à moins d'avoir été complètement démembrée, ait eu tant à souffrir de la guerre dans un si court espace de temps? Comment, six mois ont suffi pour consommer notre ruine et notre déshonneur. Quel levain, quel ferment de dissolution renferme donc la France dans son sein? Une nation de trente-huit millions d'habitants, possédant des ressources immenses de toute nature, riche en crédit et en capitaux, pouvant aisément et sans se saigner mettre un million d'hommes sur pied; cette nation, dis-je, forcée, au bout d'une demi année de lutte, à s'agenouiller devant son ennemi. Etonnante leçon! Spectacle sans pendant dans l'histoire des nations, qu'un jour les moralistes à venir expliqueront beaucoup mieux que nous qui sommes encore tout étourdis du bruit de notre chute.

Je vais plus loin, si notre vainqueur l'eut osé, s'il eut su que faire de notre territoire, si le reste de l'Europe eut fermé les yeux, si elle eût donné son consentement aux funérailles de la France, en tant que nation, c'en était fait, nous subissions le sort de la Pologne. Vainement se récriera-t-on. Qui donc en eut empêché? Où étaient nos armées? Du cœur, nous n'en avions plus; du patriotisme, nous en avions oublié jusqu'au nom; l'égoïsme avait pris partout sa place. Oh! vociférer la *Marseillaise* dans les rues ne suffit pas; c'est sur un champ de bataille, c'est en courant sus à l'ennemi, c'est en enlevant ses batteries qu'il faut la chanter. Ainsi faisaient les soldats de Fleurus.

Mais sur des théâtres, hurlée par des courtisanes, mensonge! Acclamer la guerre à outrance dans les clubs, et rentrer tranquillement chez soi, derrière son comptoir ou près de son épouse, mensonge!

Paris occupé, l'armée, les généraux qui le défendaient envoyés rejoindre les autres en Allemagne, sa population désarmée, que restait-il pour continuer la lutte? L'armée de l'Est? les Prussiens la chassaient de France. L'armée du Nord? battue, à moitié détruite, elle eut été infailliblement prise ou refoulée en Belgique. Restait l'armée déjà battue du général Chanzy. Quelque énergique, quelque intelligent que soit ce général, il eût été indubitablement acculé aux confins de la presqu'île Armorique, et il y eût subi le sort de l'armée royaliste à Quiberon. De Châteaudun au Mans, du Mans à Laval, de Laval à Rennes, de Rennes à la mer, c'était une question d'étapes. Et après? Le Midi? Le Nord subissait l'invasion, le Midi eût courbé la tête.

Accablé sous le poids de ces idées, le cœur rempli d'un sombre désespoir, je donnai l'ordre de rassembler le plus promptement possible ce qui restait du bataillon.

La nuit, malgré un brouillard intense, était très-froide. L'artillerie encombrait les rues du village ; elle n'était ni parquée, ni en position, et, par suite, elle eût eu beaucoup de peine à se mettre en mouvement, si nous avions été attaqués.

Dès que les hommes furent réunis, nous nous mîmes en route, accompagnés d'un guide. En même temps que j'allais renforcer nos grand'gardes de ce côté, un bataillon de zouaves partait également pour soutenir la compagnie qui gardait le chemin par où nous étions arrivés. Un piquet de cavalerie partait aussi avec l'ordre de joindre l'ennemi. De plus, un officier d'état-major du quartier général du 18e corps partait en parlementaire, afin de donner aux Prussiens connaissance de l'armistice, en cas qu'ils n'en eussent pas été prévenus. Il fallait à tout prix les empêcher de nous resserrer davantage.

Acculée sous Pontarlier, l'armée française est ainsi disposée : une partie campe dans la ville, une partie occupe en arrière la route de la Cluze et les chemins qui peuvent y déboucher; enfin une dernière partie se développe en avant de la ville sur une demi circonférence, dont le rayon peut à peine avoir 4 kilomètres.

Dans la ville, les rues, les places, les promenades sont encombrées de voitures, de fourgons, de caissons d'artillerie, dont les chevaux, à demi-morts de faim, rongent, à défaut de fourrage, les rais des roues, ou dévorent les crins de la queue de leurs pareils. Au milieu de tout cela s'agite une quantité effroyable de fuyards affamés et affolés, qui n'ont ni régiments, ni bataillons, ni compagnies, couverts de haillons, les chaussures effondrées, la face blême et décharnée, les yeux caves et enfoncés. Cohue sans nom, sans courage et sans énergie, mue par un seul sentiment, le sentiment bestial par excellence, l'instinct de la conservation.

L'armée prussienne se développe sur un demi cercle concentrique et enveloppe complètement l'armée française. Elle occupe, à droite, les Planches avec ses défilés, Champagnole et Nozeroy; au centre, Levier, Amancey et Ornans; sa gauche s'appuie aux troupes qui sont descendues par Saint-Hippolyte, et qui prennent

actuellement position au nord et à l'est de la ville.
Nous sommes complètement isolés du reste de la
France, et du demi cercle que les Prussiens occupent,
peut, à chaque instant, et de tous les points à la fois,
jaillir un ouragan de fer et de feu. La nouvelle de l'armistice a suspendu la foudre.

Au bout d'une heure d'une ascension pénible, sans
chemins frayés et dans la neige jusqu'aux genoux, je
rejoins les grand'gardes. Leurs petits postes étaient
semés un peu en avant du bois de sapins que le général
m'avait montré la veille. Le gros de la grand'garde se
tenait en-deçà du bois, sur la déclivité, relié par des
postes intermédiaires. Je ne changeai aucune des dispositions, j'étendis seulement la ligne. Les compagnies
de marche, appuyant un peu à droite, se relièrent par
leur droite à la gauche des zouaves. L'extrême gauche
de nos petits postes était sur un rocher dominant la
vallée où se développaient les grand'gardes de la division qui occupait Dammartin.

A la pointe du jour, des fuyards, appartenant à la
division qui, la veille, avait abandonné son artillerie,
se présentèrent, accompagnés de guides, à nos avant-
postes; je refusai de les laisser passer.

Le 30, à midi, le 3e bataillon vint nous relever dans
nos positions. En descendant ces pentes rapides que
nous avions montées la nuit, avec tant de peine, nous
rencontrons des hommes, appartenant au bataillon,
assis sur leurs sacs, les coudes appuyés sur leurs
genoux, la tête entre leurs mains, et des larmes silencieuses le long de leurs joues amaigries. Restés la
veille un peu en arrière du bataillon, ils étaient arrivés
en retard. Fatigués, harassés, ils avaient voulu, quand

même, rejoindre leurs compagnies. Ils s'étaient mis en route pour monter, mais, épuisés de fatigue et de faim, leurs forces trompant le peu de courage qui leur restait, et ne pouvant aller plus loin, ils s'étaient assis là, dans la neige. Sans feu, ils avaient attendu, par 12 degrés de froid, que le jour leur envoyât quelqu'un, ou qu'un peu de repos leur permît de rejoindre. Pauvres gens chez qui le moral faisait complètement défaut! C'est là surtout le mauvais côté du soldat berrichon. Il n'a pas d'énergie; il faut que ceux qui le commandent en aient pour lui. Que la souffrance, que la misère, que la faim s'acharnent sur lui, comme un vautour sur sa proie, son sang ne se révolte pas, le moral s'engourdit et s'affaisse; l'image du pays se présente alors dans des lointains qu'il ne pourra plus franchir, la nostalgie s'empare de tout son être, il meurt là où il se trouve, sans essayer d'aller plus loin. Nous en avons vu mourir en Crimée, sous la tente en quarante-huit heures. Ils appelaient leurs parents, leurs amis, ils s'en allaient ainsi délirant, mais heureux, s'ils pouvaient encore l'être, car ils se croyaient au milieu des leurs.

Le colonel Goury, commandant la brigade, avait reçu l'ordre du général de division de passer une revue d'effectif. La matinée du 30 fut consacrée à cette opération. Nous fûmes passés en revue à notre descente de grand'-garde. Le reste de la journée s'écoula tristement. Déjà nous savions que les Prussiens avaient refusé d'étendre l'armistice à l'armée de l'Est.

Cette armée, dont le sort est entre leurs mains, qu'ils ont acculée, par une succession de marches admirablement conçues, dans une gorge où, tout à l'heure, ils vont la précipiter, affaissée, manquant de tout, et ne lui laissant que la cruelle alternative, ou de se rendre à discrétion, ou de franchir, si elle le peut, la frontière Suisse, il est de toute évidence qu'ils ne peuvent pas la laisser s'échapper ou se refaire pendant tout le temps que durera l'armistice. Il faut que son sort se décide sur-le-champ d'une façon ou d'une autre. Il faut, pour eux la prudence le commande, ou qu'elle s'en aille prisonnière en Allemagne, ou qu'elle soit mise, honteuse et désarmée, sous la garde d'un pays neutre. Il ne peut en être autrement.

Si, à l'armistice ne succède pas la paix, il est nécessaire que les forces qui ont refoulé et anéanti cette armée soient disponibles. Alors ils pourront descendre sans obstacle jusqu'à Marseille, visiter Montpellier, Cette, Narbonne, et donner la main, à Toulouse, aux armées descendant la vallée de la Garonne. De la mer du Nord, descendre victorieux jusqu'à la Méditerranée, visiter les champs de bataille où leurs aïeux, les Cimbres et les Teutons, ont succombé ; c'est un beau rêve pour eux. Hélas ! ils ne savent que trop que nous n'avons plus de légions, que nous n'avons pas de Marius capables de les arrêter.

Le 31, nous quittons Vuillecin ; nous traversons Pontarlier, la dernière ville française que nous verrons ; nous passons sous les canons du fort de Joux, étonnés de protéger, du côté de la France, la retraite d'une armée française. Nous traversons le village de la Cluse, la voie ferrée, nous prenons à droite, et nous commençons à escalader les hauts plateaux du Jura. A quatre heures, nous arrivons aux Grands-Fourgs, notre dernière station sur le sol français.

Le 18ᵉ corps, le plus complet, le moins entamé de toute l'armée, a reçu pour mission suprême de protéger l'entrée en Suisse. Ses deux premières divisions prennent position à la Cluse ; la 3ᵉ aux Grands-Fourgs. C'est lui qui va tirer le dernier coup de canon, le dernier coup de fusil de la France. C'est à lui qu'incombe la tâche sacrée d'arrêter l'ennemi, et de donner le temps aux misérables restes de notre armée, à presque tout notre matériel, à presque toute notre artillerie, de se rendre en Suisse.

Les première et deuxième divisions seront seules engagées, et infligeront aux Prussiens une de ces leçons qui, si elles ne sont pas éclatantes, n'en sont pas moins sensibles pour un vainqueur, de la part d'un ennemi qu'ils croyaient incapable d'aucun effort.

Aux Grands-Fourgs, une partie de la division fait face à la France et prend position sur les pentes. L'autre partie est cantonnée chez l'habitant, avec ordre de se tenir prête au premier signal.

Dès le 1ᵉʳ février, au matin, les troupes qui doivent entrer en Suisse de ce côté commencent à défiler. Ce ne sont plus des soldats, ce sont des bandes où tout est confondu, chasseurs et mobiles, francs-tireurs, cavaliers sans chevaux, fantassins et zouaves, tout cela en haillons, chemine tristement. Cette ligne serrée, épaisse, longue et noire, ressemble à un immense serpent déroulant ses anneaux sur la neige.

Vers midi, la fusillade s'engage. Le vent, venant de France, nous l'apporte claire et distincte. Les Prussiens s'emparent de Pontarlier, qui ne résiste pas, et refoulent nos débris dans ces gorges aux parois de neige.

Une immense quantité de voitures de toutes sortes dût tomber entre leurs mains.

Dans la matinée, nous fûmes prévenus officieusement que chaque chef de corps ou de fraction de corps constituée était autorisé à gagner avec les hommes qui voudraient le suivre, Bourg et Lyon, s'ils le pouvaient.

Une seule voie était ouverte à ceux qui étaient campés aux Grands-Fourgs. Il fallait, en suivant des sentiers encombrés de neige, aller prendre aux Hôpitaux-vieux, la route qui suit la vallée de Mouthe, de là gagner les Hôpitaux neufs, quitter la route départementale pour prendre un chemin vicinal qui rejoint la route à Le Brey, passer Mouthe et descendre jusqu'à la Chaux-Neuvé. Dans ces parages seulement on avait à craindre les avant-postes, ou les coureurs de l'ennemi, dont le gros des forces, sur ce point, occupait les Planches et ses défilés. Si on était assez heureux pour éviter les Prussiens, ou forcer les passages, on quittait alors de nouveau la route, pour s'engager dans un chemin qui conduit à La Chapelle-des-Bois. Dans ce village on était sauvé.

Cette entreprise demandait douze heures de marche sans s'arrêter, car de sa célérité dépendait le succès. De plus, il fallait des hommes décidés à s'ouvrir un passage à tout prix.

Le commandant du régiment, en me faisant part de cette décision, m'annonce qu'il est dans l'intention de profiter de cette latitude, en compagnie des autres officiers de son régiment. J'ai déjà dit que le commandant Barberey, dont nous conserverons toujours le meilleur souvenir, appartenait au 4e zouaves de marche.

Ce régiment qui comptait près de 3,000 hommes à
Gien, n'en avait plus guère que 300. Il en avait perdu
près de 400 sous Chagey.

Si j'appartenais encore à l'armée régulière, lui dis-
je, bien certainement je serais des vôtres. Je n'hésiterais pas un seul instant, quoiqu'il dut arriver ; je tien-
drais à honneur de franchir, avec mes compagnons
d'armes, les lignes ennemies ; mais je ne suis pas seul.
J'ai avec moi un bataillon dont les deux tiers des
hommes sont mariés. De plus, je suis persuadé que la
paix va suivre l'armistice. Nous ne pouvons plus continuer la lutte ; nous sommes écrasés. C'est dur à
avouer, mais il faut bien le reconnaître. Il ne nous
reste plus qu'à déposer les armes et à courber la tête
devant notre vainqueur.

En présence de ces considérations, je ne me crois
pas en droit, et je ne sens pas la nécessité de faire
tuer, ou d'abandonner seulement dans les neiges, une
dizaine de ces hommes qui m'ont suivi jusqu'ici, et
qui n'ont pas fait comme tant d'autres. Ces dix hommes
morts, il y aurait dix veuves et je ne sais combien
d'orphelins ; je ne le puis pas. Dans toute autre circonstance, je n'hésiterais pas, vous le savez. Je sais trop
qu'à la guerre il faut faire des sacrifices ; le grand art
est surtout de les faire à propos. Dans tous les cas,
ajoutai-je, je vais consulter mes officiers. Vous les
connaissez aussi bien que moi ; vous les avez vus à
l'œuvre ; ils portent aussi haut que qui que ce soit
l'honneur militaire ; s'ils ne sont pas de mon avis,
s'ils désirent tenter l'entreprise, nous partirons ensemble, et j'aurai fait mon devoir vis-à-vis de ma patrie et vis-à-vis de mes compatriotes. Quant aux

hommes, je sais qu'ils nous suivront, peut-être pas tous, mais le plus grand nombre.

Je fis prévenir immédiatement les officiers du bataillon d'avoir à venir me trouver, attendu que j'avais une communication importante à leur faire. Dès qu'ils furent réunis, je leur donnai connaissance de la décision du commandant en chef de l'armée; je leur annonçai en même temps que ce qui restait du 4ᵉ de zouaves, conduit par le colonel Goury, notre chef de brigade, allait essayer de gagner Bourg, soit en échappant à l'ennemi, soit en forçant le passage. — Que voulez-vous faire, messieurs? ajoutai-je. Ce que vous déciderez convenable de faire, commandant; nous vous suivrons. Je leur exposai alors les raisons qui me faisaient pencher pour notre entrée en Suisse. Quelques-uns, et de ce nombre était l'adjudant-major, eussent bien voulu courir les aventures de cette marche. Ils avaient raison, en ce sens qu'ils ne considéraient que leur honneur particulier. Déposer les armes, quel crève-cœur pour un soldat! Comme il fallait voir l'entreprise, non pas au point de vue d'hommes isolés, mais de tout le bataillon, il fut résolu, à l'unanimité, que nous conduirions nos hommes en Suisse. Il y avait encore une autre considération qui ne laissa pas que d'influer sur ces messieurs, c'est que si, trouvant les passages occupés, nous ne parvenions pas à faire une trouée, nous tombions forcément aux mains des Prussiens. Alors ce n'était ni Lyon, ni la Suisse qui nous tendait déjà les bras, mais l'Allemagne que nous aurions trouvé au bout de notre tentative avortée. Les horreurs de la captivité chez l'ennemi ne nous tentaient guère.

Je prévins le commandant du régiment de cette détermination.

Le moment était arrivé pour lui de partir ; il ne pouvait plus attendre. Chaque heure, chaque minute, pouvait lui être fatale. Nous nous embrassâmes, les yeux remplis de larmes, le cœur débordant d'amère tristesse et l'âme terriblement affectée. Nous leur souhaitâmes bonne chance, et nous les vîmes disparaître, les uns après les autres, derrière les croupes neigeuses, dans ces âpres sentiers, qu'une neige épaisse recouvrait, et que les guides seuls pouvaient reconnaître. Ils partaient confiants et décidés ; ils ont réussi à gagner Lyon ; mais dans quel état ! Qu'importe, ils ont bien fait.

Quatre-vingt mille hommes allaient s'abattre sur la Suisse sans qu'elle y fût préparée. Pourrait-elle faire face, surtout aux premiers besoins du moment ? Elle fit plus. Peuple généreux ! quelle page d'histoire pour toi ! quel droit à notre reconnaissance ! Oh ! ne l'oublions jamais.

Nous avions été prévenus que le maire des Grands-Fours pouvait mettre quelques sacs de farine à la disposition de la division. J'en fis prendre trois. Je donnai l'ordre de réunir immédiatement tous les ouvriers boulangers qui pouvaient se trouver dans le bataillon, et je leur enjoignis de faire du pain sans désemparer. Sans levain, il nous avait été impossible de nous en procurer, mal cuit, les fours avaient été chauffés avec du sapin vert, nous nous trouvâmes encore heureux d'avoir pu réussir. A dix heures du soir, j'étais en mesure de délivrer une ration de pain à chaque homme. Quelques bœufs avaient suivi la division ; nous ne pouvions pas les entrer en Suisse ; on craignait la peste bovine. J'en fis abattre deux qui furent également distribués aux hommes. Le capitaine de la cinquième surveilla cette distribution.

Les bandes défilaient toujours.

Vers quatre heures, la fusillade devenant plus intense et paraissant se rapprocher, les officiers vinrent me trouver, me demandant si j'avais des ordres pour le départ. — Je n'en ai pas encore ; tenez vos hommes prêts, et que les sacs soient faits. Tous les hommes étaient prêts ; ils allaient et venaient, tantôt regardant les bandes passer, tantôt prêtant l'oreille au bruit du dernier combat que livraient aux Prussiens , qui voulaient forcer les défilés de Joux, leurs camarades au nombre desquels se trouvait le 19e de mobiles.

Les officiers rassemblent leurs compagnies, donnent quelques ordres de détail, et les préviennent qu'on ait à se tenir prêt soit pour repousser l'ennemi, s'il monte jusqu'à nous, soit pour quitter la France quand l'ordre en sera donné.

C'est alors que le capitaine de la cinquième, M. V..., outrepassant les instructions qu'il vient de recevoir, demande à ses sous-officiers et à ses soldats rassemblés, s'ils veulent partir immédiatement et entrer en Suisse avec lui. D'une voix unanime, les hommes lui répondent qu'ils ne partiront qu'avec le commandant. Une semblable leçon, de la part de ses subordonnés, loin de faire rentrer ce capitaine en lui-même et de le faire réfléchir sur l'odieux de sa proposition, ne fait au contraire que hâter son départ. Il loue un traîneau, et s'en va en compagnie d'un garçon boucher cacher sa honte dans une des villes de la Suisse. Là, seul, inconnu, mêlé à des officiers étrangers, il n'aura pas du moins à rougir. Depuis, je ne le revis plus. Élève de La Flèche, je lui croyais du cœur.

Les trois officiers que j'ai désignés dans ces pages, ainsi que M. le sous-lieutenant G..., de Saint-Satur, ont été l'objet d'un rapport spécial, adressé à M. le général de brigade, commandant la première subdivision de la 19e division militaire à Bourges.

Quelques personnes me reprocheront peut-être d'avoir mis à jour ces défaillances sans nom; il eut été préférable, diront-elles, de les avoir ensevelies à tout jamais sous les couches de neige que vous avez traversées. Tel n'est pas mon avis. Ces faits se sont passés au grand jour, publiquement, et sous les yeux d'un millier d'hommes; en temps ordinaire, même à l'époque où ils ont eu lieu, ils étaient passibles de conseil de guerre ou de cour martiale, les circonstances seules en ont empêché. Dans l'intérêt même de la vérité, je dois les publier. Si jamais des circonstances analogues à celles qui se sont présentées surgissaient encore, vous êtes avertis. Chacun n'est pas en position et n'a pas le courage de dire la vérité; c'est pourquoi chacun devrait en savoir gré à celui qui ose la publier.

Avec la nuit qui arrive cesse le bruit du combat. A neuf heures, les officiers supérieurs du régiment sont appelés auprès du général. Il faut autant que possible, nous dit-il entre autres choses, que la division pénètre, en bon ordre, en Suisse. Veillez-y, messieurs.

De la division, il ne restait plus que le bataillon de chasseurs et le 81e provisoire de mobiles, pour la première brigade. Les quelques centaines de zouaves qui restaient étaient en partie entrés en Suisse, ou avaient

suivi leurs officiers. La deuxième brigade n'avait plus
que son régiment de marche. Du régiment des mobiles
de Vaucluse, il ne lui en restait plus que le souvenir.

A minuit, alors qu'il ne reste plus que notre division et quelques traînards à défiler, le général part, en
traîneau, accompagné de son chef d'état-major. A une
heure, nous nous mettons en marche. A trois heures
du matin, nous arrivons à la frontière. Que les chemins
sont faciles pour fuir à l'étranger ! Que les heures passent vite, quand il faut quitter la patrie !

Sur le revers oriental d'un petit vallon que la route
partage à peu près par le milieu, en décrivant une
courbe légère, s'étagent çà et là, à droite et à gauche,
des bouquets de mélèzes et de sapins dont les branches,
recouvertes de neige en partie cristallisée, laissent entrevoir leurs aiguilles d'un vert sombre. En descendant
cette pente peu longue, assez raide, on rencontre à
droite, à cent mètres environ avant d'arriver au bas de
la côte, une croix de pierre, élevée sur un petit tertre.
Il y a quelque chose d'écrit, je n'ai pas pu le lire.
C'est là que finit la patrie ; c'est là que commence
l'exil.

Sur le bord de la route, à droite, échelonnés à peu
de distance les uns des autres, se trouvent des officiers
suisses dont je ne peux reconnaître le grade. A gauche,
au-delà de la route, et face aux officiers, se tient un
peloton de ces soldats citoyens, rangés en bataille, si-
lencieux et l'arme au pied. Un peu en arrière d'eux,
et sur leur gauche, brûlent quelques tisons de sapin,
que quelques hommes entretiennent ; le froid est tellement intense.

En face de ce peloton, de l'autre côté de la route,

dans un pli de terrain, et non loin de la croix, s'élève un amas immense d'armes de toute espèce : les chassepots, les remingtons, les sniders, les sabres baïonnettes, les sabres droits, les sabres recourbés, les pistolets d'arçon, les revolvers gisent mêlés et confondus. Ce sont là les armes de ce qui fut l'armée. Etrange ironie du sort ! Il y a aussi quelques fusils prussiens. Sans doute qu'ils ont été déposés là par des hommes qui les avaient ramassés après quelques escarmouches, ou qui avaient désarmé quelques soldats ennemis.

Le ciel est empâté de nuages épais et lourds; la lune, que parfois les nuages découvrent, apparaît pâle et terne, le front entouré de ce cercle jaunâtre qui annonce ou constate un changement dans l'atmosphère. On dirait que c'est à regret qu'elle éclaire cette scène de tristesse.

Devant nous des cavaliers défilaient au pas, jetant leurs armes sur les autres.

Notre tour arrive, je me présente. Voulez-vous me rendre vos armes, commandant, me dit, d'une voix sympathique, le premier des officiers suisses? Sans répondre, je déboucle machinalement mon ceinturon auquel est suspendu mon sabre et je le lui remets. C'était le sabre que je portais à Solferino. Passez, me dit-il. Me voilà sur la Suisse, la mort dans l'âme et ne voyant plus rien. Un autre officier me demande, avec un accent allemand très prononcé, si je n'ai pas de revolvers. Le sang m'étouffe, je ne peux lui répondre ; il n'insiste pas. Mon cheval avance toujours. Puis j'entends tomber, tour-à-tour, sur ces autres armes couchées, les armes du bataillon. Quel bruit étrange ! Comme elles sonnaient à mes oreilles ! C'était le tom-

beau de notre honneur. Oh ma patrie ! ne nous avais-
tu donc armés que pour subir cette humiliation ? Je
m'arrachai le plus promptement possible à ce spectacle
si triste que je vois encore, et qui me poursuit toujours.
Il me semble, même en écrivant ces lignes, entendre
encore le bruit métallique de ces armes tombant les
unes sur les autres. Quel son elles rendaient ! quel tableau ! Jamais je ne l'oublierai.

Quand, dans le Samnium, les Romains, après une
journée funeste, eurent passé sous le joug, ils s'enfui-
rent au plus vite, rentrèrent de nuit dans leurs de-
meures, n'en voulant plus sortir, passant leur temps à
forger d'autres armes et à préparer leur vengeance.
Nous n'eûmes pas cette suprême consolation ; il nous
fallut rester sur la terre étrangère, attendre qu'il fut
permis à la patrie de nous recevoir.

Nous arrivons vers quatre heures à Sainte-Croix ;
nous passons. A huit heures, nous nous arrêtons dans
un petit village, Beaulmes, je crois, situé au pied de
la chaîne du Jura. Là, nous eûmes un avant-goût des
surprises que nous préparait l'hospitalité suisse. On
distribua de la soupe à tous les hommes qui se trouvaient avec moi. On fit entrer les officiers dans une
maison où on leur servit également de la soupe et du
vin. Il y a deux jours que le passage a commencé, me
dit le maître de la maison, et voilà deux nuits que nous
passons à faire de la soupe, comme vous voyez. Vos
hommes sont bien fatigués ; ils ont un grand besoin de
repos. Je ne sus que répondre. Tant de dévouement,
tant de sympathie pour nos malheurs me surpassaient.
Je le remerciai sincèrement au nom de tous, et nous
partîmes.

A tous les points de bifurcation de chemin ou de route, il y avait des factionnaires ou des postes suisses qui indiquaient la route à prendre. On nous dirigea par Champvent, sur Yverdon, où nous arrivâmes à midi. La ville pliait sous le poids de nos soldats. Il y avait aussi des officiers à en revendre ; mais la cote n'était pas à la hausse. Beaucoup d'entre eux, appartenant à tous les corps, à tous les grades, allaient, venaient, la tête haute, l'air satisfait et content, parlant aux habitants avec ce ton leste et dégagé qui les eût fait croire dans une ville conquise. Ils n'avaient pas changé. Ils ne s'étaient pas revêtus de la dignité du malheur comme d'un manteau d'où rien ne sort qui ne soit triste et imposant.

J'allai à l'Hôtel-de-Ville prendre des ordres. A trois heures, on fit entrer le bataillon dans une caserne où il devait passer la nuit. A quatre heures, on lui distribua une ration de pain, de soupe, de viande et de vin, et, en vertu d'un autre ordre, on le mit en route pour Yvonan.

Un peloton de Suisses, en armes, ouvrait la marche ; sur les flancs, de distance en distance, s'échelonnaient d'autres soldats ; enfin, à la gauche, un peloton fermait la marche. Un officier suisse commandait le détachement ; nous étions complètement sous ses ordres.

Ces visages amis, cet empressement à soulager nos souffrances et surtout ce langage français, me firent croire un instant que nous étions rentrés dans la patrie ; mais cette marche, entre des soldats, la baïonnette au bout du canon, me rappela bien vite à la triste réalité.

Nous arrivâmes à Yvonan à sept heures du soir. Le bataillon fut réparti de la sorte : 200 hommes à la Moguetta, 200 hommes à Niedend, et 250 à Yvonan. Le lendemain, une centaine de traînards rejoignirent le bataillon et portèrent son effectif à 760 hommes.

Le 2 au soir, une partie fut dirigée sur Estavayer et Payerne, et le 3 au matin, le reste prit le même chemin. Plus tard, les hommes furent répartis dans d'autres localités. Les officiers demandèrent à suivre leurs hommes ; on leur répondit que c'était contraire aux stipulations. Nous n'insistâmes pas. De vingt-et-un officiers, onze restaient encore. Voici leurs noms : 1re compagnie, M. de Maistre, lieutenant ; 2e compagnie, M. Marlier, sous-lieutenant, officier-payeur ; 3e compagnie, M. Bureau, capitaine, nommé adjudant-major à Villerville ; M. Meuzi, lieutenant, et M. Desâges, nommé sous-lieutenant à Villerville ; 4e compagnie, M. Desâges, lieutenant ; 5e compagnie, M. Pellé, lieutenant ; 6e compagnie, M. Regouby, capitaine, et M. Desdouits, nommé sous-lieutenant à Villerville ; 7e compagnie, M. de Bichiran, capitaine, et M. Valori, sous-lieutenant.

Quand le bataillon quitta Bourges, il était fort de 1,250 hommes ; 760 sont entrés en Suisse ; il en manquait donc près de 500. Abstraction faite des déserteurs qui furent très-nombreux, et de ceux qui avaient préféré rester au dépôt plutôt que de nous rejoindre, le reste fut, ou pris par l'ennemi, ou mourut en route de misère, ou se logea dans les ambulances et les hôpitaux.

Je dois dire, à la louange de MM. les officiers et des hommes, que si nous n'avons presque rien fait, si les balles ennemies n'ont pas davantage éclairci nos rangs, le bataillon n'en fit pas néanmoins partout bonne contenance.

Dès sa première marche sur Ladon, M. le lieutenant-colonel d'état-major de l'Espée le remarqua tout particulièrement. Des bataillons, des régiments, qui n'en avaient pas fait plus que lui, sont entrés en Suisse autrement amoindris et autrement disloqués. Jusqu'au dernier instant, la déférence envers les officiers et la discipline n'ont jamais faibli.

Ce résultat ne fut atteint qu'à force de dévouement de la part de tous. Je suis entièrement convaincu que si, dès le principe, on ne se soumit qu'avec quelque répugnance à cette discipline sévère et rationnelle que je cherchai, dès le premier jour, à introduire dans le bataillon, et qui doit exister dans toutes les armées, sous peine de voir se renouveler les mêmes scènes, les mêmes péripéties, les mêmes défaites et les mêmes résultats, on en reconnut plus tard l'absolue nécessité et, j'ose dire plus, les bienfaits. De plus, dans le Cher, les officiers avaient été nommés par une autorité quelconque ; ils s'étaient refusés à une élection. Ils firent bien : mieux valait pour eux donner leur démission en masse, que de subir cet affront. Que ne s'est-il pas passé, sous nos yeux, dans des régiments où les officiers avaient accepté l'élection ? Quels officiers en étaient sortis ? Je crois que l'ère des élections dans l'armée est à jamais fermé. Il a fallu de la part de ceux qui l'ont exhumée d'un passé d'où elle n'eut dû jamais sortir, beaucoup plus de légèreté que de jugement.

J'ai fini. J'ai suivi ce drame pas à pas ; je me suis

15

arrêté plus longuement aux stations les plus marquantes de cette voie douloureuse ; je me la suis remémorée heure par heure. J'ai assisté de nouveau à toutes ses phases, à toutes ses péripéties ; elles sont encore vivantes dans mon esprit, et je ne les oublierai jamais. La Crimée et l'Italie n'étaient plus pour moi qu'un rêve, un météore qui passe dans une belle nuit d'été ; mais 1871 ne s'effacera jamais, tant a été poignante la réalité.

J'ai dit des choses bien dures ; mais je n'ai dit que la vérité. Je sais que tous ne l'accepteront pas, qu'elle déplaira à beaucoup ; je n'y peux rien. Pour moi, c'était un devoir à accomplir, je n'ai pas hésité. Il ne suffit pas d'aller la tête haute par les rues, dans les salons ; mais encore faut-il ne pas s'exposer à rougir à l'apparition subite d'une figure depuis longtemps oubliée, ou d'un mot lancé sans que le hasard n'y soit pour rien.

A chaque feuillet de l'histoire, on voit la vérité chassée des cours comme importune. Aujourd'hui que la souveraineté réside dans tous, si on lui ferme tout accès, où se réfugiera-t-elle ? Il faut qu'à chaque instant du jour elle puisse entrer chez tous, et qu'elle y soit la bien-venue, quelque dures que soient les révélations qu'elle apporte. Dès qu'un fait s'est passé publiquement, il appartient à tous. Je le répète, en publiant ce rapport, je n'ai et je n'ai pu avoir d'autre but que la vérité.

NOTA. — Afin de faire connaître quelque peu l'esprit qui animait, au début, une certaine partie des hommes du bataillon, je ne crois pas mieux faire que de publier une lettre anonyme que je reçus, un jour, à Henrichemont. Emanant d'un seul, elle était néanmoins, et sans contredit, l'expression d'un groupe assez nombreux. Son auteur, que je parvins à découvrir, habite Lignières. Il sut si bien jouer son rôle, en racontant à ses compatriotes qu'il avait été pris par les Prussiens, qu'il n'a jamais vus du reste, puisqu'il déserta de Ladon ou de Montargis, que sans trop se cacher il ne fut jamais inquiété :

( Je copie textuellement. )

Henrichemont, 17 novembre 1870.

« Cytoien,

» Il est vrai que je ne vous connais pas parfaitement. » Mon devoir de bon citoyen m'oblige à vous prévenir de » ce qui se passe dans votre bataillon ! Hier soir, je me » promenais dans une des rues de la ville , et là, j'ai entendu dire . » ( Ici il y a une lacune ; cette lettre, mouillée un jour, s'est partagée en deux, l'humidité et le frottement en ont usé un fragment. ) « Fatigué des courses... » épuisables.... le bataillon... fatigué de votre sévérité... » de votre insolence envers eux... haïr; mais si vous continuez, vous ne devez pas continuer longtemps, d'autant » plus que ces hommes me paraissent excessivement acharnés, quoique n'étant pas dans l'ivresse, attendu qu'ils » résonnaient parfaitement entre eux à votre sujet. Citoyen, » l'obligation de votre sévérité est très-juste. Mais, cependant, ces hommes n'ont jamais été, comme vous, disposés

» à faire des soldats, et fatigués de vous, par votre humeur
» maussade, pourraient bien se venger d'une manière ou
» d'une autre. Au nom de la République, puisque vous en
» êtes le représentant dans le pays, cessez votre exactitude
» qui vous perd et perd en même temps la jeunesse la plus
» belle. Cent hommes sont en convalescence ou à l'hos-
» pice ; cent hommes sont tombés sous le poids de votre
» dureté, et cela pourquoi, je me le demande. Car enfin,
» moi aussi, je suis soutien de la France. Mais cela n'est
» pas une raison pour faire endurer la souffrance morale.
» Cytoyen, je vous préviens, et je crois le faire en votre fa-
» veur. Ne continuez pas, je vous en conjure. Je vous pré-
» viens et crois devoir le faire.
» Recevez de ma part, citoyen.
» Mon nom, je vous le dirais ! mais cessez... »

Le lendemain de la réception de cette lettre, je la
lisais au bataillon rassemblé sur la place d'Henrichemont.

**PETIT**

*Chef de bataillon.*

BOURGES, IMPRIMERIE DE A. JOLLET.

Bois-d'Habert, 26 décembre.

Monsieur le Directeur du *Journal du Cher*.

Dès le principe, et pour satisfaire le désir, quoique manifestement ironique, de Monsieur le capitaine V., j'avais résolu de vous prier de vouloir bien ajouter, à la suite de ce récit, les lettres qui ont été échangées entre moi et Messieurs M... et V..., officiers au bataillon que j'avais l'honneur de commander.

Ces lettres, après la publicité la plus grande, n'ayant fait que confirmer l'exactitude et la sincérité des faits avancés, je ne crois pas nécessaire, du moins aujourd'hui, de donner suite à cette première idée.

Toutefois, il demeure bien entendu que je me réserve l'avenir.

Veuillez agréer, etc.

PETIT,
Chef de bataillon.

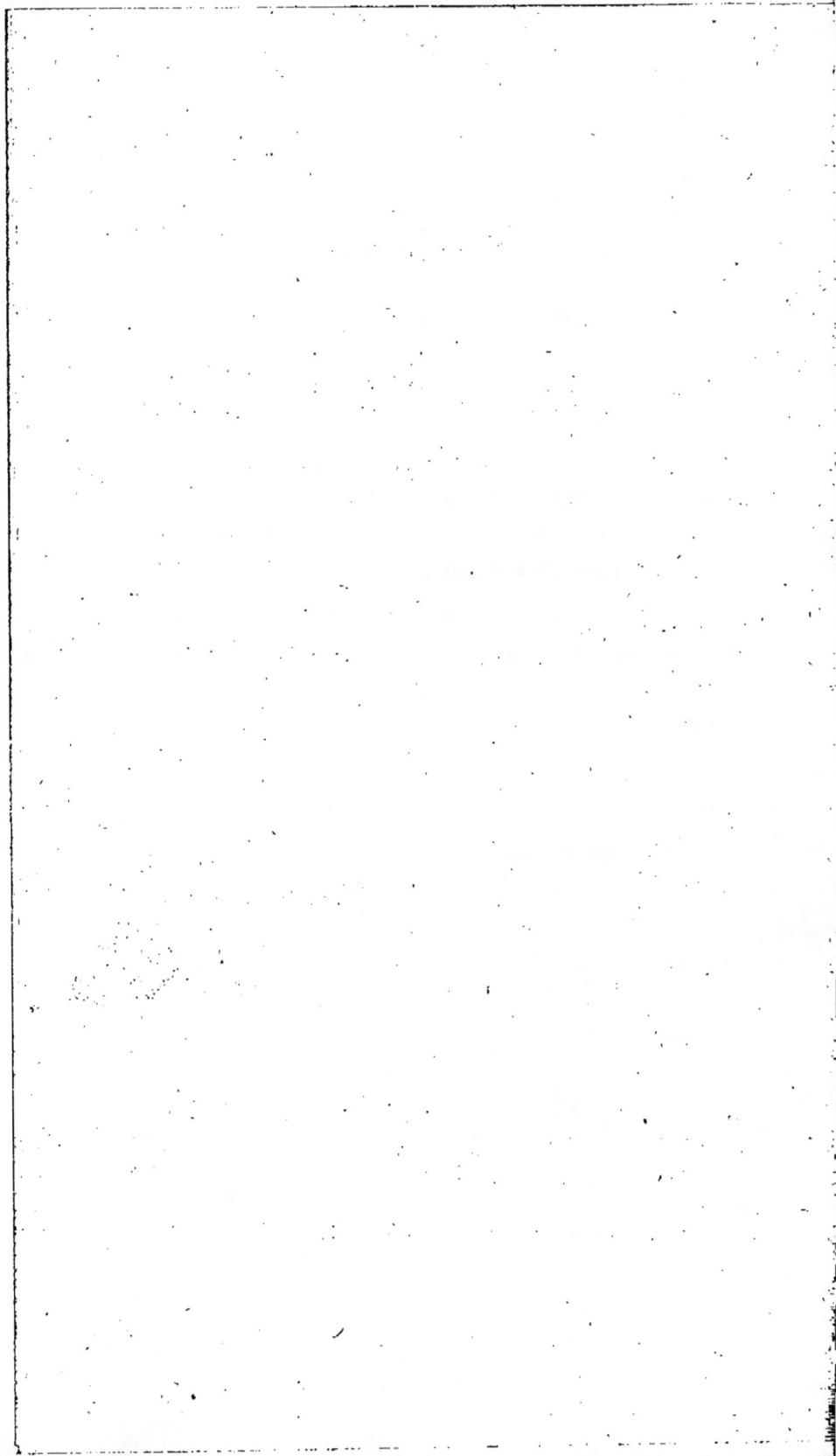

# ERRATA

---

Page première, 3e ligne, au lieu de *Chagny*, lisez Chagey.

Page 2, 1re ligne, 3e alinéa, au lieu de *prouvant*, lisez prouvèrent.

Page 5, 3e ligne, au lieu de *besoin*, lisez l'air.

Page 6, 5e ligne, 2e alinéa, au lieu de *mais*, lisez tant.

Page 16, 13e ligne, 4e alinéa, au lieu de *onze*, lisez douze.

Page 21, 1re ligne, 3e alinéa, au lieu de *colonel*, lisez lieutenant-colonel.

Page 23, 2e ligne, au lieu de *reconnaissant*, lisez reconnaissaient.

Page 23, 2e ligne, 2e alinéa, au lieu de *Degenerensque Neoptolemus*, lisez Degeneremque Neoptolemum.

Page 24, 2e ligne, 1er alinéa, au lieu de *grisait*, lisez grisaient.

Page 24, 1re ligne, 4e alinéa, au lieu de *le 31 décembre...*, *et après l'effroyable désastre d'Orléans*, lisez : le 1er décembre..., et en même temps que commençait le mouvement de conversion en arrière des 18 et 20e corps, qui se rabattaient de Bellegarde et de Ladon sur la forêt d'Orléans. — Même page, 7e ligne, 5e alinéa, au lieu de *15 décembre*, lisez 15 novembre.

Page 26, 1re ligne, 2e alinéa, au lieu de *1er*, *2*, *3*, lisez 2, 3, 4.

Page 27, 6e ligne, 4e alinéa, au lieu de *des havre-sacs*, lisez Des havre-sacs.

Page 29, 1re ligne, au lieu de *pêle-même*, lisez pêle-mêle.

Page 33, 3e ligne, au lieu de *Tous ces...*, lisez tous ces.

Page 38, 1re ligne, 4e alinéa, au lieu de *Chagny*, lisez Chagey.

Page 41, 3e ligne, 1er alinéa, au lieu de *Beigues*, lisez Beignes.

Page 44, 3e ligne, au lieu de *postées*, lisez postés.

Page 46, 15e ligne, au lieu de *C'était*, lisez C'est.

Page 50, 3e ligne, 2e alinéa, supprimez encore.

Page 58, 18e ligne, 1er alinéa, au lieu de *près des guides*, lisez auprès des guides.

Page 60, 4e ligne, 2e alinéa, au lieu de *ses grands bois*, lisez les grands bois.

Page 76, le 4e alinéa commence la 3e partie.

Page 81, 2e ligne, 5e alinéa, au lieu de *Arccy*, lire Arcey.

Page 81, 1re ligne, 1er alinéa, au lieu de *Arccy*, lire Arcey.

Page 91, 1re ligne, 2e alinéa, au lieu de *M. C.*, lisez M. S.

Page 100, 1er alinéa, au lieu de : *ils pourront descendre*, lisez elles pourront descendre.

Page 100, 6e ligne, 2e alinéa, au lieu de *descendant*, lisez remontant.

Page 112, 18e ligne, 2e alinéa, au lieu de *fermé*, lisez fermée.

BOURGES, IMPRIMERIE A. JOLLET.

www.ingramcontent.com/pod-product-compliance
Lightning Source LLC
Chambersburg PA
CBHW071837090426
42737CB00012B/2271